中國現代文學
名家傳記叢書

劉志權 著

# 純粹的詩人——朱湘

欒梅健
張堂錡 策劃

文史哲出版社 印行

國家圖書館出版品預行編目資料

純粹的詩人：朱湘 / 劉志權著. -- 初版. -- 臺北市：文史哲，民 93
面：公分.-- (中國現代文學名家傳記叢書;14)
ISBN 957-549-545-4(平裝)

1.朱湘 － 傳記

782.886　　93001981

中國現代文學名家傳記叢書

欒梅健・張堂錡策劃

# 純粹的詩人：朱湘

著 者：劉 志 權
出 版 者：文 史 哲 出 版 社
http://www.lapen.com.tw
登記證字號：行政院新聞局版臺業字五三三七號
發 行 人：彭 正 雄
發 行 所：文 史 哲 出 版 社
印 刷 者：文 史 哲 出 版 社
臺北市羅斯福路一段七十二巷四號
郵政劃撥帳號：一六一八〇一七五
電話886-2-23511028・傳真886-2-23965656
實價新臺幣三〇〇元
中 華 民 國 九 十 三 年 (2004) 二 月 初 版



ISBN 957-549-545-4

# 書系緣起

張堂錡
欒梅健

早在一九一四年九月二十三日，胡適就在一篇題為〈傳記文學的日記中，提出了現〉代「傳記文學」的概念，後來經過多方研究中外傳記，他認為，傳記是中國文學裏最不發達的一門，因此大力提倡傳記文學的寫作，胡適自己就寫了最早的一部現代自傳《四十自述》，而且還陸續寫作了四十餘部（篇）為他人立傳的作品，傳主包括老子、吳敬梓、張季直、丁文江等。透過胡適、郁達夫、朱東潤等人的理論開拓，不論是自傳或他傳，在五四新文學運動之後開始大量湧現，較為人熟知的就有沈從文的《從文自傳》、郭沫若的《沫若自傳》、謝冰瑩的《女兵自傳》、郁達夫的《達夫自傳》、巴金的《片斷的回憶》，以及聞一多的《杜甫》、吳晗的《朱元璋傳》、朱東潤的《張居正大傳》等。這些作品，使中國現代傳記文學的發展逐步臻於繁榮與成熟。時至今日，傳記文學已是現代文學中不可忽視的重要文類之一，各種思想家、文學家、政治人物、社會名人的自敘、自述、回憶錄、懺悔錄、大傳、小傳等，早已充斥於書肆，流行於市井，有時甚且拜名人效應之賜，成為一時之新聞熱點。如果暫且不論質量，而以數量之可觀來看，胡適當年「最不發達」的感慨，於今看來實已不可同日而語了。

不過，如果撇開往往只有「傳記」而無「文學」的政治、社會名人傳記，而以文學家、思想家為對象的文學傳記其實不能算多，若要進一步談到優秀與上乘的現代文學傳記那可能就令人不盡滿意了。所謂「優秀與上乘」，以胡適的話來說，就是必須做到「紀實寫真」的真實性，「給史家做材料」的史料性，「給文學開出路」的文學性，而且「應該有寫生傳神的大手筆來記載他們的生平，用繡花針的細密工夫來搜求考證他們的事實，用大刀闊斧的遠大識見來評判他們在歷史上的地位」（〈南通張季直先生傳記序〉）；若以郁達夫的觀點來說，則必須「記述一個活潑潑的人的一生，記述他的思想與言行，記述他與時代的關係」，「應當將他外面的起伏事實與內心的變革過程同時抒寫出來，長處短處，公生活與私生活，一顰一笑，一死一生，擇其要者，盡量來寫，才可以見得真，說得像」（〈什麼是傳記文學〉）。要符合以上的標準並不容易，但所有的傳記文學寫作者不妨以此為準繩，筆雖偶不能至，心卻大可嚮往之。

一切的文學都是人學。人，是大地上最動人的風景，也是文學世界裏的中心視野。傳記文學之有趣味，有意義，就在於能將一幅幅動人的生命風景鐫刻於歷史的長廊中；但傳記文學的富挑戰性、困難度，也在於人的複雜、多面、變動與深刻，即使有生花妙筆，都不一定能完全掌握傳主的精神、思想與心靈面貌。很多時候，執筆者本身的生命氣質、思想見解、人生歷練與情感投射，與傳主間的互動、感應與啓發，才是一部傳記文學作品能否得其真、傳其神、見其美的關鍵。因此，一部好的傳記作品，既要能顯現出傳主不凡的思想歷程與生活樣貌，同時也要能表現出執筆者過人的見識與文采，也就是說，一部傳記文學作品所激發、闡釋與揮灑的應是兩個生命的精華，從這個角度而言，閱讀傳記文學實在是「物超所值」、收穫加倍的選擇。當年胡適的大力提倡，今日看來也還是真知灼見。

基於以上的想法，我們在文史哲出版社不計盈虧的支持下，策劃推出了《中國現代文學名家傳記叢書》，自二〇〇一年元月出版《冰心傳》起，陸續出版了郁達夫、曹禺、巴金、朱自清、周作人、錢鍾書、林語堂、梁實秋等多部文學名家的傳記。我們明知市面上已有其他相關的傳記書籍在流通，但本著提倡傳記文學的使命，以及為中國現代文學的研究增添一分力量的理念，我們仍決定在這個系列叢書上持續深耕。令人欣慰的是，叢書陸續出版後，得到了許多讀者與研究者的好評與肯定，而這主要是因為執筆者都是這些文學名家的喜好者與研究者，他們出色的文采與深刻的洞見，使這些傳記煥發出閃耀動人的光華，也使這些傳主的生命在傳記文學裏重新又精彩地活了一回。這些撰稿者中，有的是望重士林的學術前輩，有的是鋭氣十足的年輕學者，沒有他們的協助，這套叢書根本不可能問世。為他人作傳本就不易，何況是為現代文學史上熠熠耀人的知名作家寫傳，其間的艱苦就更難與人言了。身為主編，我們真是非常感謝這些參與撰稿工作的前輩們與朋友們。

出版市場的不景氣已是人人皆知，學術書籍的出版有時一波多折，有時胎死腹中，更令寫作者不勝欷歔。寫書容易出書難，出書容易賣書難，解嘲背後其實有著難言的苦辛，而這套叢書何其幸運在兩年內出版了十本，後頭還有多本陸續出版，每思及此，便不能不由衷地對文史哲出版社彭正雄社長的道義心腸、文化襟抱深深感到敬佩。這套書為現代文學開了一扇窗，為兩岸交流搭了一座橋，如果有更多的讀者願意來探窗、渡橋，那就更是美事一樁了。

二〇〇二年歲末

# 純粹的詩人——朱湘

## 目錄

純粹的詩人——朱湘 

# 第一章　清華棄徒

## 一、夢回童年

「乖孫兒，把手洗一下，吃蘋果囉。」

老邁的祖父慈愛地招手，花白的頭髮在陽光下閃閃發光。拿著蘋果。蘋果剛剛洗過，發出一點淡淡的來蘇水的味兒。

「爺爺，這叫什麼？」

「乖孫子，這叫白花蛇舌草，小心不要碰翻了。這能給好多人治病呢。好啦，你陪妹妹去玩吧，時候不早啦，爺爺要把這些藥收回去了。」

爺爺小心地把小竹籮裏的幾種藥草用紙包起來，走回屋裏去。正中間的門簷上，是黑色隸體的「百草林中藥鋪」幾個大字。

七妹搖搖晃晃向自己走來，手裏還拿著一支不知從哪里摘來的野花。在她的身後遠處，好像是連綿的群山。

……自己站在那裏，四周空空蕩蕩，一間空屋子，彷彿是書房吧。穿著細竹管編成的汗褂的老師手別在背後，拿著戒尺，走了出去。自己好像是背的《詩經》，偌大的房間只有自己一個人的聲音在迴響，寂靜，寂寞……

「老五，你又在發什麼呆呢？都這麼大了，還不能正經一些做事。」是大哥，他板著臉，瞪著自己，「到這個學校不容易呢，自己要珍惜機會，爹跟媽都沒了，你以後自己能混成咋樣就看你自己啦。」

大哥沈默寡言而威嚴有些像父親。父親穿著長袍馬褂，吸著水煙袋，坐在書房的太師椅上，發出一陣陣的咳嗽，他的背後，好像……是書架，上面一匣一匣的線裝書，像爺爺的藥鋪：「湘兒啊，最近先生又教了你哪些功課啊？說給我聽聽。」

「先生剛教的『離騷』：帝高陽之苗裔兮，朕皇考曰伯庸。攝提貞于孟陬兮，惟庚寅吾以降。皇覽揆余初度兮，肇錫餘以嘉名：名餘曰正則兮，字餘曰靈均。……長太息以掩涕兮，哀民生之多艱！……」

「好！」父親站起來，嚴厲的臉上有了笑容：「好一個『長太息以掩涕兮，哀民生之多艱！』」。屈靈均這句話最得我心。湘兒啊，爲父於詩人中最愛靈均。你正好在沅江邊上出生，所以爲你取名湘，取字子沅，正是要你學靈均的這種風範，不是要你有口無心，唯讀死書。你們五個兄弟中數你年齡最小，可也最具才氣，最得我心。可惜你生不逢時，現在天下大亂，民不聊生，科考已廢，否則假以時日，你必能金榜題名，光我門楣。但無論何時，務必記住靈均的這一番話，心中要有天下百姓，不要怕因爲愛美德而受牽累，寧可晚上罷官早晨也要進諫呀。無論時世如何變亂，不讀書不能成材呀。你現在已經十歲了，光私塾裏學的那點知識不夠用。我已經想好了，隔幾天把你帶到安徽，那裏有好的老師。」父親彷彿開始激動了，他的臉上有了一絲絲潮紅，咳嗽聲音大起來：「咳咳咳咳……」

朱湘咳嗽著醒了。這幾天似乎有點感冒，頭老是昏昏的，睡覺極不踏實，連續幾天整夜，他一直做著各種雜亂無章的夢。有的時候甚至會夢見母親，儘管母親在自己三歲時就去世，自己幾乎不記得她是什麼樣兒。只知道她知書達禮，是張之洞的侄女。夢裏的母親卻很清晰，長得和父親爲母親作的畫像上的一模一樣。她對著自己笑，輕輕喊著自己的名字。有的時候自己真想永遠待在夢裏面，醒來的時候發現眼角是濕的。

天還沒有亮，朱湘靜靜躺在床上，回想著夢裏的一切。

大約是在六歲，一個夏天裏穿著一件細竹管編成的汗褂的舉人，成了自己的第一位私塾老師。記得他常常吸著水煙袋，握著戒尺，在書房裏走來走去。桌上放著文房四寶和那部有點破舊了的《龍文鞭影》，那是自己接觸到的第一部書籍，只記得是四字一句，從上古一直說下來，專門給小孩子啓蒙用的，現在已經記不清內容了。

有一個很深刻的印象：在一個離家有幾里遠的書館，哇裏哇啦地讀著《左傳》，突然發現只剩下自己一個人，又想起了媽媽，心裏突然湧起了說不清的寂寞和恐懼，於是哭著獨自沿了路途，向家的方向走。一條土路，然後是一個破舊的土地廟，廟前的一棵大樹與樹下的茶攤，那個長著絡腮鬍子的中年人向自己笑：「小孩子家又一個人走回來啦？」然後是路旁的一條小河，然後看到了熟悉的自己家田畝旁的山坡……，終於，在家裏前院的場地上，看見了有長工在那裏打穀，於是懸著的心彷彿有了著落，同時覺得很累。

還記得不知從哪裏看到一句名言：「咬得菜根，百事可作」。自己本來就立志要做一個轟轟烈烈的英雄，看到這個格言後，就悄悄用筆把它恭楷抄出，黏在書桌右方的牆上，並且下定決心，中午一定別的什麼菜都不吃，只吃菜根。上桌之後，果然戰退了肉絲炒香乾的誘惑，只在青菜湯碗裏找菜根，弄得做飯的老唐媽大惑不解。

夢裏連綿的群山是在安徽。安徽多學者，父親爲了培植自己，在去世的前一年帶著自己回到了原籍安徽延師專教，那是在十年之前，自己因此得以在一個叫做彌陀寺鎮西的一個小山莊，和祖父一起生活了一年。年邁的祖父現在也去世了，去世的時候自己在清華並不知道，還是後來大哥在一封信裏提到。據二嫂說，祖父一生懸壺濟世，醫人無數，當地人把他的葬禮辦得很隆重，許多事情都由鄉親們幫著張羅了。只是祖父一直掛念著他這個在清華讀書的孫子，直到臨終的時候還喊著他的名字。自己在接到二嫂的信的那天哭了：父親去世之後，自己在家鄉湖南沅陵彷彿失去了根；現在祖父又去世了，在安徽讀書的日子也一去不復返了。

父親去世之前，囑咐大哥要帶好自己這個小弟弟。因此第二年，自己就跟著在南京工作的大哥來到了南京。在那兒讀高小，讀工業學校，讀青年會。大哥在政府做事，很忙，幾乎沒有時間來過問自己，自己一直寄宿在學校裏，從十一歲那年起就是自己一個人過了。那時還沒有考慮到太多未來，心情因此也像現在這樣沉重。各種各樣的書籍吸引了自己的注意力。記得上高小那陣兒，最喜歡看的是俠義小說。有一陣子，還和一個同班的同學列過合作一部《彭公案》式的俠義小說的計畫，興奮地籌畫了很久，但最終還是紙上談兵，沒有寫成。另外就是喜歡看《童話》。記得在看了孫毓修編的《童話》後，自己完成了平生第一篇小說創作。現在隔了八九年，不單是詳細內容記不清，連題目也已經忘記了，只記得彷彿是說的一隻鸚鵡在一個人家裏的所見所聞。

那個時候學校裏常演戲，但參加的都是一些活躍分子。那時的自己可能是年齡小，應該比現在活潑，還私下裏和幾個同班同學計畫自己演戲玩，化妝、排演，十分熱鬧，自己似乎是扮演一個女子。只是自己生來不善言談，與其說是演劇，那時還不如說是好玩。還記得自己在工業學校裏所作的一篇作業，題目是《言志》，那裏面說，將來學業完成了，除了從事職業外，閒暇的時候還要作一點詩，讀一些詩文。當時所說的詩和詩文自然還是舊詩和舊詩文。多懷念那個時候的時光呀，習慣了大哥的斥責，但少年不識愁滋味，回憶還是溫馨的。長大以後，慢慢找不到歡樂的感覺了。昨天夜裏翻看《樂府詩集》，見到《孤兒行》一首，這首著名的樂府是這樣的：

孤兒生，孤子遇生，命獨當苦。父母在時，乘堅車，駕駟馬。父母已去，兄嫂令我行賈。南到九江，東到齊與魯。臘月來歸，不敢自言苦。頭多蟣虱，面目多塵土。大兄言辦飯，大嫂言視馬。上高堂，行取殿下堂。孤兒淚下如雨。使我朝行汲，暮得水來歸。手為錯，足下無菲。愴愴履霜，中多蒺藜。拔斷蒺藜腸肉中，愴欲悲。淚下渫渫，清涕累累。冬無複襦，夏無單衣。居生不樂，不如早去，下從地下黃泉。春氣動，草萌芽。三月蠶桑，六月收瓜。將是瓜車，來到還家。瓜車反覆。助我者少，啖瓜者多。願還我蒂，兄與嫂嚴。獨且急歸，當興校計。

在經歷了諸多的苦難後，這位可憐的孤兒發出感慨：「願欲寄尺書，將與地下父母，兄嫂難與久居。」自己看過之後，差一點也兩淚成行。自己有苦該向誰去訴說，自己的家又到底在哪裏呢？已經好幾年沒有回家鄉過年，每當到了學校放年假的時候，自己就有一種冷徹骨髓的孤獨感。現在，睡在床上，外面是冬日凜冽的寒風，寒假又將至，這種感覺又強烈地浮上來。

## 二、西園懷舊

朱湘睡不著了，穿上衣服翻身下床。洗漱的時候，他就著鏡子注意看了一下自己的臉：這段時間由於疲勞和生病，臉色更爲蒼白，原本橢圓的臉也顯得更長，戴眼鏡時也感到鏡架比以前更寬鬆。李清照說「衣帶漸寬終不悔」，自己是「鏡架漸寬終不悔」呀，但使自己不悔的是什麼呢？朱湘晃晃腦袋，驅趕著有點昏沉的思維，不願再想這個問題。

就著凌晨黯淡的光線，他繼續翻看昨天晚上沒看完的詩集。天慢慢亮了，同宿舍的同學陸續起來，在身邊忙碌著。孫大雨走到身旁，關切地輕聲問：「身體好一點了吧？今天還不吃早飯？」朱湘點點頭。

大家都去吃早飯了，現在整個宿舍區又恢復了平靜。朱湘看了一會書，依舊感到頭暈。他到走廊裏站了一會，在那兒他聽到了遠處食堂的搖鈴聲。回到宿舍，因爲上午沒有課，他本來準備給好久沒有通信的二嫂薛琪英寫封信。但沒多久，他聽到了門外傳來了一陣異乎尋常的喧鬧聲，中間夾雜著他的名字。

他留心傾聽了一下，很快就明白了。他把桌上的書籍稍微收拾了一下，然後走了出去。出了宿舍區，一股冬天的冷風從領口和稍顯單薄的棉袍下擺處襲了進來，他下意識地打了個寒顫。一路上許多認識的同學和他打招呼，他一概沒有應答。在許多人異樣的目光中，他徑直走到了專門張貼著各種各樣學校通告的工字樓前。吃早餐的時間剛剛結束，上課的時間還沒到，這兒的人並不多，有零零星星幾個人正在那兒瀏覽，朱湘猶豫了一下，在稍遠的一棵老楊樹底下等了等，然後還是向前走了過去。

看佈告的是幾個低年級學生，朱湘沒有理他們，從他們的頭頂看過去，他看到了一張新張貼的通告，白色的告示紙上，用醒目的毛筆寫著：

查大學一年級學生朱湘，律已不嚴，屢有曠課，兼抵制學校齋務處點名制度，累次不到食堂點名，已滿三次大過。……據學校有關條例，現將該生除名。……

「朱湘，不就是那個寫詩很出名、脾氣也怪的湖南才子朱湘嗎？聽說他在《小說月報》發表了好多詩呢，平時總是獨來獨往，我行我素，自己覺得勝人一等，還不把學校的規章制度放在眼裏。只差半年就可以放洋了。可惜了……，這可是清華頭一回……。」

朱湘沒有回宿舍，他有意挑僻靜的小路，漫無目的地在校園裏走著。幾天之前下的雪還沒有完全融化，周圍很靜，到處都是陰鬱的灰色，北風在校園上空盤旋，發出低沉的嗚咽。小樹林裏的樹木裸裎著光禿禿的枝椏，彷彿沉浸在漫長的噩夢之中，瑟瑟地發著抖。荷花池畔是依舊青翠的松柏，但也沈默著。池內也失去了往昔的生機和活力，眼前只是厚厚一層堅冰，只有一杆枯枝無助地耷拉在冰面上，提醒著往昔的生機與繁華。

在寒風的吹拂下，朱湘的頭腦格外冷靜，冷靜得幾乎不像平昔的他，他甚至沒有憤怒。從他採取行動的第一天起，他就作好了這最壞的打算。清華多少年來一直是這樣的規矩：七點二十分吃早飯，飯桌上有各人的號碼，缺席就要記下處罰。學生臉可以不洗，早飯不能不吃。齋務處的楊先生經常會等在門後，拿著紙筆把遲到的學生的學號全部抄下來。三次不到記一次小過，三次小過記一次大過。另外，諸如每兩個星期必須給家裏寫一封信，洗澡必須簽名，錢必須存入銀行，零花錢的開銷必須記帳，路上不准吃東西，不准看小說，等等。自己早就討厭了這樣種種的陳規陋習。這幾年，他是那樣深深地戀上了新詩，甚至已經摒棄了對小說散文等其他文體的閱讀。他癡迷地閱讀著古今中外的詩人們的詩集，尤其是杜甫和莎士比亞。在廣泛的如饑似渴的閱讀的同時，他翻譯了羅馬尼亞民歌，翻譯英國詩人懷特、丁尼生、勃朗寧、雪萊等人的作品。他和詩歌的關係是那樣的親密，美妙的詩神也會隨時隨地拜訪他，給他一個驚喜。常常，當他早晨還在殘留的夢中徘徊時，就清晰地感受到了詩神的光顧，他會急急地從被窩裏爬起來，像撲向久別的戀人一樣拿起紙和筆，來挽留那稍縱即逝的意象或字句的痕跡。一切人爲的限制都已經成了他詩心的羈絆。因此，在清華的最後一年，他決定了要破一破這個規矩。儘管，幾個知心的朋友也勸過，齋務處也已經警告過，但是，他是一個只認死理的人，決心下定就不會再改了。也許，自己是做了一個唐·吉訶德一樣和風車作對的英雄，但人不就是要有這麼樣的一種精神嗎？屈原不就是這種精神嗎？父親告誡自己的，不也就是這種精神嗎？一個原本供前清貴胄賞玩的私人花園，一個死守陳規陋習牢籠一樣的學校，一個與世隔絕修道院一樣的學校，一個對分數之外的一切都漠不關心的學校，一個紈袴子弟虛度光陰等著留洋鍍金的學校，有什麼值得他留戀的呢？爲了爭取一個出洋的機會，而在這兒耗擲光陰，遠離熱辣辣的人生，值得嗎？是的，自己早就該脫離這個學校。現在走不是太早，而是太晚。

沉思之中他不知不覺一直走到學校西園。夏天的時候，自己有時會和子潛、子離、子惠——他們是自己不多的朋友中的三個——相約來到這兒，談文學創作，談自己的理想。有的時候大家不想說話，就登上園中的小土山小憩。天氣好的時候，向西望去，圓明園的廢墟歷歷在目，那片廢墟給予了他多少豐富的想像呀。當然，更多的時候，他會選擇早晨或者黃昏一個人來這裏，這兩個時候人會相對少一些，或者只有自己一個人，那樣就好像整個園子是自己的。不知道爲什麼，自己彷彿天生不喜歡人多，不喜歡熱鬧。看著那些庸庸碌碌、卻自以爲是、躊躇滿志的笑臉，自己就有一種發自內心的反感。西園也許是被太多的欲望佔據的清華校園裏唯一的一塊淨土，那些公子少爺們沒事總喜歡找理由往城裏跑，才不會到這個冷僻的角落，而這裏卻成了自己膜拜詩神的聖地，過去有許多詩歌就是在眼前這個地方吟哦而成的。然而它在冬天總是顯得格外荒涼寂寥：

有風時白楊蕭蕭著，
無風時白楊蕭蕭著；
蕭蕭外更不聽到什麼：

野花悄悄的發了，
野花悄悄的謝了；
悄悄外園裏更沒什麼。

這是自己兩年前發表在《小說月報》的第一首新詩，題目是《廢園》，就是獻給她，也是獻給清華的。說起來，從一九一九年秋天考進清華插入中等科四年級，到今天自己和她相伴也有四個年頭了。清華在外界神秘的面紗之下其實一無所有，除了這個廢園子。而如今，在離自己畢業只剩下半年的時候，連這個園子也要再見了。

說再見就再見吧。這個學校除了眼前這個沈默而廢棄的西園之外還有什麼是值得自己留戀的呢？自己早就在《清華週刊》上發表論文向學校開炮了。在《課程上前車之鑑》中，提出要提倡自由發展，減少課時，改爲自修，以交心得代替傳統的考試模式。在《精神教育》一文中，提出「出世的教育」，即精神教育，提高青年人的審美情趣，而不能總沉浸於世俗之中。

自己決計不去飯堂吃早飯時，朋友子惠曾半開玩笑半認真地對自己說：「子沅，不要太認真吧，再認真學校當局可能也要『認真』了。」

是的，自己要的就是學校的「認真」，自己要的就是向失望宣戰。好長時間以來，自己就被一種根深柢固的失望所籠罩。失望是多方面的，失望時所作的事在回憶的爐中更成了以後失望的燃料。這種精神上的失望，越陷越深，離校這件事於自己其實是件好事，起碼它使自己死水一潭的生活終於有了變化。不然，就算不離開清華，自己也許會瘋的。

四年的清華生活，讓自己學到了些什麼呢？

博大精深的國學嗎？國學在這個急功近利的學校如同一位失去了尊嚴的棄子。畢業時只要求英文及相關科目需要通過，國文及格與否無足輕重，這種情況也許全國也只有清華一家吧。自己六歲啓蒙，父親朱延熙飽讀讀書，曾是光緒丙戌年翰林第二名，母親張氏，就是名滿天下的張之洞的侄女。自己家也可以算書香門第吧。儘管當時母親已經去世三年，家境已經中落，父親還是請了一個有才學的舉人爲自己授業，十歲那年又專門把自己帶到太湖原籍延師任教，自己的國文底子正是得益於父親的努力。清華對國文的重視實在比不上一個鄉村私塾的教師，甚至在南京工業學校的那個酒糟鼻子的國文老師，也比這兒的老師對自己的影響大。

英文呢。是的，這兒有好的英語教師。但是，如果只是接受課堂上死板的教育，又能學到多少呢？按部就班地讀書是自己從來都厭惡的，自十五歲時開始看原版的柯南道爾的《福爾摩斯探案集》開始，自己英文的水平應該說主要來自對國外原著的大量閱讀。死板的功課爲他這樣酷愛讀書的學生提供了什麼呢？

從某種意義上說，在清華，自己單單從一幫同樣熱愛文學的朋友們那裏學到和瞭解的東西，就遠遠要比從課堂上學到的多。四年之前自己剛進清華的那年，北平剛剛發生了那場轟轟烈烈的學生運動，文學革命方興未艾，學校裏對新文學的看法眾說紛紜，贊成的和反對的學生分成了兩派，雙方進行激烈辯論甚至於動口角。那個時候，自己一直接受傳統文化教育，對西方文化典籍剛剛有所涉獵，在這場天翻地覆的思想文學革命面前還是懵懂一片。以蔡元培先生爲校長的北大爲這場文化運動提供了思想上的資源，但近在咫尺的清華校方在這樣的運動中做了什麼？它貢獻給學生什麼樣的思想養分？除了抑制還是抑制，除了規章制度還是規章制度！如果處處墨守成規，如果只爲了獲得清華年終獎給所謂的優秀學生的銅墨盒，這樣的學生能爲時代貢獻什麼？

那個時候，是一些學長給予了自己思想上啓發。他們建議自己，要想自己判斷是否，最好對新文學的東西有客觀冷靜的瞭解。而要想瞭解新文學，最直接的辦法就是閱讀北大陳獨秀主編的《新青年》，從閱讀當中作出自己的選擇。後來自己就讀到了發表在一九一八年《新青年》四卷三號上劉半農的那篇《答王敬軒》，雜誌上刊登了一個叫王敬軒的人寫給《新青年》編輯的信（當然後來據說這是錢玄同和劉半農演的對手戲），然後由劉半農對來信進行了逐段駁斥，既指出了信中的古文文法的疏漏，又對桐城派、文選派的論調進行了淋漓盡致的揭露揶揄。這篇文章既使自己之前對古文的一些疑惑迎刃而解，又使自己意識到這些新文學運動者並非缺乏古典功底的狂妄自大，他們自身就有很深的古文功底，這尤其使自己對他們刮目相看。正是這篇文章，把自己完全贏到新文學這方面來。

從對新文學運動的興趣到對新詩的熱愛，又是誰發揮了作用？永遠不會是學校。清華永遠只能是一隻按部就班循規蹈矩的爬蟲。是二一年秋天成立的清華文學社，讓黑暗中摸索的自己看到了熊熊火光，看到了新詩奪目的光輝。通過清華文學社，他結識了聞一多；正是因爲詩歌創作方面的愛好和才華，他和與自己同級的饒孟侃（字子離）、和低自己一級的孫大雨（字子潛）、楊世恩（字子惠）蜚聲校園，被並稱爲「清華四子」。難得的幾個朋友之與無父無母的自己，正像自己之前那首寫給聞一多和彭基相的小詩中所寫的：

我是一個倦怠的遊人，
蹣跚於曠漠之原中，
我形影孤單，掙扎前進，
伴我的有秋暮的悲風。

你們的心是一間茅屋，
小窗中射出友誼的紅光；

我的靈魂呵，火邊歇下罷，
這正是你長眠的地方。

正是在與一幫寫詩的朋友們的互相鼓勵之中，從二二年開始，自己在鄭振鐸主編的《小說月報》上初露頭角，《荷葉》、《死》、《地丁》、《春》等都是那一年發表的作品。從這份雜誌上，自己還認識了梁宗岱、汪靜之這些同樣有才華而且勤奮的寫詩的朋友。從這個角度來說，自己離開清華並不存在任何損失，因爲被學校開除並不能隔斷自己和朋友們的交流，更不能阻止自己寫詩。

開除就開除吧。好在自己無牽無掛。父親母親早已去世，何況按父親的那種強脾氣，處在同樣的位置也許他也會這樣做的。幾個哥哥各自忙著他們自己的事，對自己也不會太過問，最多會對最終沒能留洋表示一點遺憾，嫂子們會在背後再多說一聲：「這個五傻子！」唯一要交待的倒是二嫂。這幾年來，一直是這個早寡的二嫂像母親一樣默默支援著他，給他提供在清華的生活費。這個曾經在法國留過洋的二嫂，一直欣賞他的才氣，相信他能有所作爲，自己一定不會讓她失望的，她也一定能理解自己的這一舉動。

讓那些安分守己的庸才們去嘲笑自己吧，讓那些視自己爲異類的教員們去鄙視自己吧。

自己會用日後的成功來回敬他們的。

整整一個上午，朱湘都在西園徘徊。中午時分，他回了宿舍。幾個朋友，包括孫大雨、饒孟侃、楊世恩在內，甚至還有幾個不大熟的，都沒有去吃飯，正在宿舍裏等他。大家都沒有怎麼多說話，默默幫他收拾東西。他的東西並不多，除了兩箱書籍之外，隨身衣物和日常用品裝了一個小箱子，他把書籍暫時寄存在孫大雨處，另外請楊世恩替他暫時墊付一下自己之前在齋務處的欠款——自己身邊的錢實在已經不多，要還款只能等將來了。大家本來要送他，被他一一婉言拒絕。他沒有吃中飯，饑餓加上連續幾天生病的虛弱，小小的籐箱顯得格外沉重，但他咬著牙有意裝得很輕鬆，就這樣頭也不回地走出了清華園。

從西郊的清華到西直門是一條漫長的官道，幾年來除了風霜的剝蝕之外基本上沒有什麼變化。路的兩旁依舊是幾丈高的官柳，下垂的柳枝彷彿套枷的囚犯垂下的亂髮，樹下間或堆著沒有融化的積雪。間或有套馬的大敞車從路旁鋪石的大道上走過，馬鼻裏噴出大團的白氣。幾年前自己也是懷著說不盡的新鮮感，沿著同樣的方向走進了清華園，而在這之前，大隊的進城遊行的學生也是從同樣的道路上走進城裏，融入那場轟轟烈烈的學生運動中去的。自己現在腳下的路到底通向何方呢？

一九二三年這個冬天的早晨，清華留美預備學校以一種獨特的方式，把它陰冷的風景永久地鐫刻在年輕的朱湘的記憶裏。按照中國的曆法，這一年他剛剛二十年。

# 第二章　初識社會

## 一、任教上大

從清華出來，朱湘先在城裏的三哥家住了幾天。朱湘上次住在這兒還是幾年前剛來到北平的那陣子，他一直看不得哥哥嫂嫂那種忙於生活、斤斤計較的世俗氣，自從住進了清華宿舍之後，兄弟之間就很少探訪了。這段時間由於時局動盪，各行各業都不景氣，三哥的薪水不夠維持家中的開支，一直忙著想再找個事做，回來的時候總是唉聲歎氣，嫂嫂也總是愁眉不展，對朱湘的事也無心過問。朱湘有的時候想到了柳宗元筆下蝜蝂的故事，就覺得他們忙得很可笑。想來三哥要養活家裏好幾口人，似乎也有無奈之處，但終歸不以爲然。在這樣的環境下，儘管是在自己兄弟家裏，朱湘還是覺得有種寄人籬下的局促不安。住了幾天，等到有一筆稿費匯到，他便收拾行李，隨便找了個理由搬了出來，在外面租了一間房子住下。

這樣他是徹底自由的了，但除了詩歌與貧窮之外自己一無所有。枯居北平是冷清的，只是偶爾一些清華舊友過來看望他，會帶來一些清華最近的時事和友情的歡樂。

冬天過去，天氣在一天一天地變暖。這一年三月份，朱湘的生活很快有了改變。他的翻譯詩集《路曼尼亞民歌一斑》作爲《文學研究會叢書》的一種，由上海商務印書館出版。不久就突然收到上海大學教務長陳望道先生寫給他的邀請信，請他到上海大學代授英語課。朱湘本來也想謀一份穩定的工作，因此收到信後便欣然同意，很快收拾東西離開北平前往上海。

上海大學原位於上海閘北青島路青雲裏師壽坊，朱湘到來時，它剛剛由原址搬入租界，校址在西摩路（今陝西北路北京西路口），是一個新學校。兩年之前，它在原來東南專科師範學校的基礎上改組而成。這所學校有較強的政治背景：它其實是中國共產黨誕生後最早創辦的培養革命幹部的學校。當時，孫中山先生實行「聯俄、聯共、扶助農工」三大政策，國共雙方真誠合作，因此他對上海大學甚爲關注，親自批准每月撥萬元資助上海大學，以培養革命人才。最先由于右任先生以中國國民黨中央委員身份兼任該校校長，後來于右任因事去了廣州，校務交由副校長邵力子負責，教務長一職先後由葉楚傖、李漢俊、瞿秋白擔任，而這個時候擔任此職務的則是語言學家、學者陳望道。由於有孫中山先生的幫助，因此此時上海大學有相對充裕的資金來延請各方面的專家學者，其中英國文學系系主任是畢業於英國牛津大學的王登雲，以《非孝》文章而名氣較大的施存統，另外還延請了著名的作家茅盾，劇作家田漢以及周越然、張君謀等人。一九二四年剛剛進校的中文系學生中間，就有後來成為作家和學者的丁玲、施蟄存、戴望舒、孔令俊（即孔另境），以及後來成為中國紅軍第一位女師長的張琴秋等。

陳望道最先從《小說月報》上刊登的詩文和譯詩《路曼尼亞民歌》知道了朱湘其人，對他的英語才能已經有所瞭解，對朱湘關心弱小國家的文學這一點也頗感興趣。與此同時，很欣賞朱湘才華的《小說月報》鄭振鐸得知朱湘的困境，有意幫助朱湘，也向陳望道推薦。因此，陳望道不拘一格，熱情邀請年輕的朱湘到上海大學任教。

朱湘在上海大學是為社會學系上英文課。當時上海大學共設有中國文學系、英國文學系和社會學系。其中社會學系是學校的大系，在當時中國的大學裏尙屬首創，上海大學有六成的學生就讀這個系。朱湘既然是為社會學系上課，所以英文選材也有意結合社會學課程。

從內心深處，朱湘並不喜歡上海。上海是一個勢利的城市，在上海的每一個車站，永遠擁擠著滿面塵灰為著生活奔波的人群。物欲和金錢主宰了這個城市的一切。在北平，如果是夏天，你會經常看到光著膀子的大漢不慌不忙地躲在樹蔭下乘涼，或許是神侃或許會泡一壺茶，享受著艱難生活的片刻歡樂。但在上海你從來看不到這些。從十一歲就失去雙親的翼護開始獨立生活的他，每次走在上海的街頭，看到一面是琳琅滿目的店鋪一面是衣不蔽體的乞丐，看到玻璃鋥亮的高檔飯店前苦等著生意、滿面塵灰的洋包車夫，就會想起他最喜歡的古代詩人杜甫，對他「朱門酒肉臭，路有凍死骨」的詩句產生強烈的共鳴。而每當看到一些高鼻藍眼的洋人乘著鋥亮的小汽車跋扈地在城內橫衝直撞，或者一些油頭粉面自命不凡的買辦淺薄地趾高氣揚，他就會產生一種既恥辱又悲憤的情緒。

剛到上海，他聽從孫大雨的建議，住到了南市老城隍廟孫大雨家裏。孫家當時家境小康，家裏有專職的廚師，孫大雨的母親對朱湘也很照顧。但朱湘獨來獨往慣了，日常寒暄、家長里短都不是他所擅長的。住了一陣子，就像當年住在三哥家裏一樣，那種寄人籬下的感覺又來了。一天吃晚飯的時候，情緒不佳的他和廚師鬧了矛盾，之後他很快主動搬了出去，在上海虬江路德榮里二弄租了一個房子，又過上了單身生活。

這段時間讓朱湘開心的是，他的第一本詩集《夏天》出版了。從朱湘現在的眼光來看，這本集子裏記錄著自己探索歷程的新詩免不了有許多稚嫩和不完善之處。但無論如何，這本小小的詩集有雙重的意味，它既是自己告別學生生涯走向社會的標誌，同時也是自己在詩壇立足的標誌，還是值得高興的。詩集的成功給了他挑戰生活的自信：社會是艱險的，但是，只要自己有才能，自己能夠寫詩譯詩，自己就擁有了征服生活的武器。這一年九月份，他躊躊滿志地爲《夏天》寫了簡短的序言：

朱湘優遊的生活既終，奮鬥的生活開始，乃檢兩年半來所作詩，選之，存可半數，得二十六首，印一小冊子，命名《夏天》，取青春期已過，入了成人期的意思。我的詩，你們去罷！站得住自然的風雨，你們就生存；站不住，死了也罷。

詩集中的詩不乏一些清新雋永的好詩，如：

黃金路上的丈長人影。

《早晨》

我彷彿坐在一隻船上，
搖過了灰白單調的荒岸，
現在淌入一片鳥語花香的境地；
我的船彷彿並未前進，
只看見兩行綠柳伸過來，
一霎時將我抱進了伊的懷裏。

《等了許久的春天》

這些詩體現了朱湘初步形成的風格，詩中可見古典詩詞的影響，這也正是詩人的追求所在。當他還在清華的時候，就在和朋友唱和的一首詩中表明自己對中國古典詩詞的欣賞和追慕之情：

許久朋友們一片好意，
他們勸我複進玉琢的籠門，
他們說帶我去見濟慈的鶯兒，
以糾正我尚未成調的歌聲；

殊不知我只是東方一隻小鳥，
我只想見荷花蔭裏的鴛鴦，
我只想聞泰嶽松間的白鶴，
我只想聽九華山上的鳳凰。

《南歸——答贈恩陀了一三友》

## 二、初露崢嶸

從十月份開始，他還在《時事新報》的副刊、文學研究會的《文學》週刊上，用「天用」的筆名開闢了《桌話》專欄，開始了自己文學批評（主要是詩歌批評）的歷程。在這個週刊上，他先後發表了七篇評論，前三篇是泛論，如《啞牌》、《統一行》、《文藝批評》；另外還有四篇具體的文學評論，分別是評論魯迅的《吶喊》、聞一多的《紅燭》和《小溪》，以及宗白華的《流雲》的。憑著自己廣博的閱讀面和詩人的才情與敏感，他的評論不乏獨到見解。例如，他肯定周作人對於開創文體的意義：「他在現代國內的文人中，是唯一的以文體爲自覺的職志而成了功的。」他給予魯迅的《吶喊》以很高的評價：「這本小說之中描寫鄉間生活的八篇，篇篇都有美妙的地方，而寫一種與詩人戀人並列的人入神時所發的至理名言的《狂人日記》，與寫城市中智識階級的生活的《端午節》，也有鱗爪發露出來。」其中「寫趙太太要向阿Q買皮背心的一段與阿Q鬥王鬍的一段可以與《故鄉》中閏土的描寫同爲前無古人之筆。」另外，他指出，《吶喊》表現鄉間生活成功地採用了姓名的製作、背景的烘托、人物的刻畫三種方法。同一時期，他還給予了宗白華、戴望舒及聞一多等人的詩以中肯的評價。

但朱湘獨特的絕不認輸的個性也差不多同時得以體現出來。第二年，也就是一九二五年年初，他因爲譯詩的一個小問題在《文學旬刊》上打起了筆仗。事情是由二月二十五日晨報《文學旬刊》第六十二期通訊刊載的一篇文章引起的。一個名叫王文璠的某大學教授在這篇文章中指出，朱湘所翻譯的白朗寧《海外鄉思》一詩，把「梨樹」（pear）翻譯成了「桃夭」（peach），同時還認爲另有幾處「不可理解的錯誤」。在這之後不久，還有一個叫喬乃依的人也在《京報副刊》上發文章回應。當時朱湘遠在北京的清華朋友饒孟侃則針鋒相對，分兩期在《晨報副鐫》上寫了《春風吹又生》的一篇反批評文章，指出王、喬等人對朱湘的譯詩沒有正確地理解。饒孟侃逐條地批駁了王文璠所列的幾個錯誤，但他對朱湘把「梨樹」變爲「桃夭」的錯誤也表示肯定。一個詞的偶爾誤譯本是小事，這在翻譯名家的譯文裏也偶爾可見，但王、喬等人的文章由鄭振鐸轉給朱湘後，朱湘非常生氣，他堅持說自己並沒有錯，桃梨之訛是爲了協韻而有意爲之。在給王文璠的回應文章中他說：「我誠然不是有博士資格的人，我也不是出六名的人，（雖然幾個少數的真詩人，聞君一多，孫君銘傳等，真誠地將我看成文友。）但我相信白朗寧復生的時候，他將許我爲懂得他這首詩，……白朗寧終於不能復生，我終於要來『毛遂自薦』。」他由此引申出去，說「近人有一種習氣，就是，一個有名的人所作的文章字字都是聖經，一個無名的人所作的文章字字都是惡劄；這是一班淺人的必有的傾向，要勉強他們，也是不能的；但是這麼大的中國，難道盡爲這一班本性難移的劣者所充斥嗎？」言詞是詰難多於理性的討論了。幾乎是作爲報復，他字斟句酌地爲王先生在《文學旬刊》中所譯的《生命的雕像》作了修改。

儘管饒孟侃是聲援他的（其實是持客觀的立場），但朱湘還是另在《京報副刊》寫了《一封致友人饒孟侃的公開信》，不承認他把「梨樹」變爲「桃夭」的失誤，而且顯然氣還沒有消。他慨言：「我國近來的批評界（？）水平線實在低得令人可驚；從此以後，我們一班對於文學努力的人是不得不採取一種『初等小學教科書』的方法了。不然，億萬的螞蟻都在那裏磨著塵大的牙齒等候你，將你抛下的隋珠歡天喜地的當作他們所恭候許久的死蒼蠅而高舉起來哪。」繼續對那些文藝批評進行了攻擊。

朱湘在湖南長大，難免會沾染一些湘人寧折不彎、甯方勿圓的個性。儘管這種個性有時會有悖謙和敦厚之道並有可能給本人帶來一些不必要的麻煩。和這種個性相一致的，是朱湘文學批評的幾個特色。一是不「贊」人唯親。一個典型的例子便是對老大哥聞一多的新詩的評論。儘管，曾幾何時，在《夏天》的自序裏，他還特意對聞一多指示他修改《春》一詩表示謝意，而且他對新詩的興趣也多少受到聞一多的影響，他在私下場合及書信裏也多次肯定聞一多在新詩方面的出色成就。但是，他對聞一多的新詩並沒有以溢美之辭敷衍。事實上恰恰相反，也許是有意要避開聞一多的影響，在評《紅燭》的短文中，朱湘甚至吝嗇到沒有給出一句贊言，直接指出《紅燭》色彩的應用並沒有「完整的成功」，而且「自身缺乏音韻」。而在差不多同一時期發表在《小說月報》十七卷五號的《評聞君一多的詩》一文中，他乾脆開章就講：

大家都知道的聞君以及別的幾位是清華的人。聞君是被視為老大哥的。然而老大哥是老大哥，詩是詩，完全不能彼此發生影響。而且在這種情形之下，我們更得要小心，因為一不在意，便易流入標榜的毛病。所以我在沒有批評聞君的詩以前，先為自己立下一個標準，就是：寧可失之酷，不可失之過譽。我相信作新詩的人如其大家都能這樣，越熟的人越在學問上彼此激勵，越有交情的人越想避去標榜，那時候我國的新詩或者有點希望，不然，自驕與淺薄與停滯便會跟著發生，使新詩不特無進並且要退而歸於無的。

接下來他分別談了聞一多詩用韻的三種問題（不對、不妥、不順），及用字的四個毛病（太文、太累、太晦、太怪）。「寧可失之酷，不可失之過譽」，真稱得上是「酷評」。儘管他其實有時也犯類似的毛病。

相反，對當時尚不大出名、差不多和他同時出現在詩壇的汪靜之，他反而讚譽有加，認爲尤其是《一隻手》的末章，簡直可以說是「偉大」。對於在《沉鐘》上屢有新的戲劇作品出現的楊晦，朱湘認爲他在當時屬於「真好而不知名的文人」，他中肯地評價了楊晦的戲劇

《老樹蔭下》。這齣戲因爲裏面有一些不登大雅之堂的語言而不被看好，朱湘認爲這樣的戲「決無排演之可能，但我們不妨把它放上一座虛無的戲臺，讓我們作它的開明的觀眾，來賞鑒它的真美。」

二是不畏權威。即便對魯迅《阿Q正傳》這樣當時已經被公認的小說，他也敢於提出自己的看法，認爲其成就在《故鄉》之下；他評論胡適的《嘗試集》，總結爲八個字：「內容粗淺，藝術幼稚」；他誇讚郭沫若的單色的想像而稱康白情的《草兒》「完全失敗」；在《評徐君志摩的詩》一文中，他指出在《志摩的詩》中，共分爲五類詩：散文詩、平民風格的詩、哲理詩、情詩和雜詩。他肯定徐志摩情詩的成就而否定哲理詩的失敗，他以泰戈爾的哲理詩來反觀徐志摩的哲理詩，指出泰戈爾的哲理詩準確來說是宗教詩，徐志摩的哲理詩有泰戈爾的「淺」而無泰戈爾的「幽」，這是因爲徐志摩生性從根本上不近宗教。此外，文中還以波特萊爾、王爾德和惠特曼的散文詩來審視徐志摩的散文詩，綜合分析後他說：

> 情詩正是徐君的本色當行。走過了哲理詩的枯寂的此巷不通行的荒徑，走過了散文詩的逼仄的一條路程很短的小巷，走過了土白詩的由大街岔進去的胡同，到了最後，走上了情詩的大街……。

在進行了總體分析之後，他毫不留情地指出了徐詩的六大缺點，如土音入韻、駢句韻不講究、用韻有時不妥、用字有時欠當、詩行有時站不住、有時歐化比較嚴重等。

有句俗話，世上最難的就是「認真」二字。世上有太多是非曲直，憑一己之力是無法作出公斷的。如果真以「認真」作爲武器處處向世俗開戰，那就難免唐·吉訶德鬥風車之譏。但無論是打筆戰還是文學批評，朱湘所尊崇的偏偏都是「認真」二字。「認真」而近於「固執」，這是他性格中的一條主導線。再舉兩個小例子，一個是「莎士比亞」的中文翻譯問題。本來「莎士比亞」已經是流行譯法，但朱湘認爲更爲科學的譯法應該是「莎士比」。朱湘就揪著這個「應該」不放，硬要在自己的文章裏換爲「莎士比」。後來好友羅念生爲此勸過朱湘，誰知不勸還好，一勸，朱湘乾脆把「莎士比」譯成了「施士陂」。另一個例子是標點問題。朱湘一直堅持使用一種點黑白圈的標點方式，後來把這種方法用在了自費辦的小報《新文》上。嗣後在每次出書或投稿時，他都不屈不撓地希望編輯能在編發他文章時使用他自己的標點方式，有時也會爲此鬧些不愉快，或者影響發表。

文學批評，尤其像朱湘這樣的「酷評」，自然也會得罪一些人。但對於朱湘來說，文學是聖潔的，詩歌是非世俗的，文學批評的目的在於捍衛繆斯女神的尊嚴而不是爲任何個人塗脂抹粉，至於爲此會得罪一些人甚至文壇權威，年輕氣盛的他無暇也不屑顧及。

## 三、風波乍起

在上海大學任教的生活是相對安定的，朱湘對此很滿意。畢竟，每個月有穩定的收入，儘管不多，但盡夠他在福建路四馬路逛大大小小的書店。學校環境也很好，省立第一圖書館也在附近。但生活偶爾也會出現波動。

夏季的一天，朱湘剛在上海大學上完了上午的課，下午再沒有別的課，他想起好長時間沒有去逛福州路的書店了，便等著乘電車到福州路去。車很久才到，是頭等車。陽光太熱，朱湘不想再等，上車找了個位置坐下來。人很多，顯得很悶熱。他的對面坐著兩個身材高大的白人。兩人明顯地帶著西方人的優越感，肥胖的臉上寫滿了兩個字，就是「傲慢」。兩人說的是英文，也不知道是哪個國家的人。一路上，他們不斷地對看到的女子指指點點，品頭論足。車到廣肇路時，上來一群乘客，很快就把空座位全坐滿了，遲上來的就只能站著。在站著的人中間，有一位是一個抱著小孩的西洋少婦，她一手抱著孩子，一隻手吊著過道上方用來固定身體的藤圈，看得出很是吃力。朱湘看見沒有人有讓座的意思，就主動站起來，讓她坐下。自己則站在過道上，手吊著車上的藤圈。藤圈正懸在洋人頭頂上，洋人很不高興，嘴裏嘟囔著什麼。朱湘留心聽去，其中一個傢伙向另一個傢伙罵他是「animal」，另一個抬起頭來看著朱湘，眼中含著一種居高臨下的輕蔑的表情。朱湘忍住了沒有反唇相譏，但強烈的自尊心攪得他身體一陣陣燥熱。兩個洋人繼續談論著他們對中國人「野蠻」和「愚昧」的看法，同時還肆無忌憚地對朱湘品頭論足。朱湘忍不住了，當時汽車已經快要到站，他大聲用英語質問剛才那個侮辱他的洋人：「喂，你剛才所說的 animal 是指著誰？」外國人帶著挑釁的神情說：「說的就是你，怎麼樣？」朱湘感到自己的太陽穴有什麼東西在突突地跳動，他的怒火一下子爆發了。他用流利的英語指著洋人的鼻子高聲斥責：「雖然按照達爾文的學說，我們大家都是從獸類進化而來的，但你不能侮辱我！你這個不懂禮節的東西！你才是一個外國蠢驢，中國人創造文明的時候，你們的祖先還在茹毛飲血，只有像你這樣未開化、不懂禮貌的歐洲人種，才會在別人的國度上指手劃腳。……learn your manner better!(好好學你的禮節吧！)」朱湘那一刻氣得厲害，他沒有去觀察大聲叱責外國人時一旁本國的同胞是什麼表情，但他清楚地看到，眼前那個傲慢的洋人大概從來沒想到會在這個被他們視為沒有個性和尊嚴的國度被這樣當眾訓斥，一時訕訕地不知說什麼好，臉上露出了羞恥、惶恐而恚惱的表情，這讓朱湘感到痛快。耳邊也傳來一兩個乘客顯然是暢快的笑聲。這時候車已經到站，臨下車時，餘怒未消的朱湘又加了一句：「中國自有它的古文化！」身後，傳來其中一個緩過神來的外國人老羞成怒式的叫聲：「那你就帶著你破舊的文化走下去吧！」

朱湘回過頭，電車已經開走了，朱湘追了幾步，停下來，目送著電車消失後，還是出神了好久。平心而論，自己今天從一開始起一直是很紳士氣的，沒有冒犯他們的地方。從前，有一些朋友曾經說，看不起中國人的只是那些西方沒有知識的下等人，自己當時深以爲然，但從今天的經歷來看，自己的看法是錯了。自己今天也是氣暈了頭，應該拉著他們去告他們侮辱名譽與友邦的罪名，但話說回來，在上海這樣的一個地方，控告外國人能贏麼？不說別的，單說今天這事，真的控告到法庭，會有多少中國的同胞願意做證呢？在外國人的眼裏，中國古老的文化無疑等同於破舊的文化，民族的尊嚴淪喪到何等地步！從這個角度來看，陳獨秀他們發起的新文學運動無疑是對的，而自己從事的新詩寫作也是有意義的。儘管中國的詩歌有了漫長的傳統和輝煌的成就，但絕不能因此而抱殘守闕。從這個意義上說，白話新詩正是中國古老詩歌的新生呢。

他又想起另一件事：最近剛看的一份《大陸報》，這份報紙宣傳是「The pulse of this great city and of China」（此大城市乃至全中國的脈搏），被上海的某所大學奉爲高年級學生的英文課本。就是在這樣的報紙上，他無意中看到《汽車增刊》上的一幅廣告插圖，圖中是一輛「如虎生翼」的汽車，車後的遠處是幾個被輾倒在塵埃中的「不開通」的「中國人」，車輪下是一條「該死的」狗。坐車的洋人驚詫地向車外看，問：「這是走過一塊墳地嗎？」開車的中國奴才眼睛望著前方諂媚地說：「他們是標誌路程的石碑！」——這就是中國人自己做的廣告！

懊悔、憤怒與無能爲力在朱湘胸中撕咬成一團，好半晌，想到今天不管怎樣也滅了這些洋人的囂張氣焰，心情才多少有些平靜。

生活在某種意義上就像是一條河流，朱湘遇到的這件事就像是往河面上扔了一塊小石子，湖面會有短暫的波動，但很快就會恢復平靜。但是，如果不是投進一塊石子，而是襲來一股龍捲風，那就要掀起驚濤駭浪了。這件事過後不久，「驚濤駭浪」就來了，是有關朱湘的婚姻大事的。

這是一門指腹爲婚的親事。女方叫劉采雲，她的父親和朱湘父親一樣，也是一位翰林。當年朱湘的父親在江西做學台，劉父也正好在那裏做鹽運使，兩人私交甚篤，當時正好兩人的夫人都身懷六甲，於是兩人一時高興，便約定了親事。儘管父親去世時在他的印象裏依稀見過未來的妻子和岳父，但年幼的自己對此事一直都像局外人一樣懵懂無知，一直到清華讀書，年歲漸長，又接受了新的思想，才想起了自己的這門婚事。當時父親已經去世，大哥作爲長兄擁有家裏的最高權威，朱湘每次試圖說服大哥退掉這門親事，結果遭受的都是一頓訓斥。大哥比他大了十多歲，其實還不算老，但他從思想到行爲，都是屬於舊時代的。他在南京做官，在上海還娶了一房姨太太，這使朱湘很不以爲然。現在爲了婚姻這件事，朱湘和大哥之間原本淡漠的兄弟之情更淡了。

當上海大學秋學期的課程快要結束時，他收到了大哥從南京寫來的信。依舊是談婚姻大事，大哥的態度依舊堅決，但這次他所說的情況又有所不同，結婚變成了刻不容緩的事情：原來，劉采雲的父親已經去世，由於種種原因，她父親的家產被外人騙去了大半，她的母親由於受到刺激，精神也出現了一點問題。劉采雲的父親一共有四個子女，采雲在家裏最小。她的哥哥繼承了家產之後，待劉采雲也非常不好。他知道朱湘在外面接受新式教育，生怕朱湘反悔，或者朱家的人賴婚，加上二人年歲漸長，故而一直催著二人完婚。這次他聽說朱湘已經從清華畢業，在上海工作，乾脆就把妹子送到了朱湘的湖南老家。大哥在信中語言是冷冰冰的：反正人已經來了，要不二人完婚，他作爲長兄，可以遵照父親的遺囑，在南京爲他操辦一切。要不朱湘拒不結婚，反正父親已經不在，他也不便強作主張，只好把那個女子趕出老家，是死是活聽天由命，因爲老家本無他朱湘的房子。

這是一道兩難的命題，朱湘一直苦苦思索著這個問題。他想起了大約兩年之前的春節，文學社的摯友聞一多也是奉命回家鄉完婚，當時他是那樣的痛苦，他後來的兩首短詩深深地印在自己的記憶裏：

我們弱者是魚肉；

我們曾被求福者，
重著了盛在籩豆裏，
供在孔教底龕前。
我們多麼榮耀啊！

你明白了嗎？
我們是照看客們吃喜酒的一對紅蠟燭；
我們站在桌子底兩斜對角上，
悄悄地燃著我們的生命，
給他們湊熱鬧。
他們吃完了，
我們的生命也燒盡了。

聞一多：《紅豆之什、二五、二六》

現在，老練的大哥把燙手的山芋交給了他自己。拋棄她尋找自己的真愛嗎？每當他一閉上眼睛，他的眼前就浮現出一個和他一樣無家可歸的女孩子，穿一身的紅綢子衣衫，張著一雙淚汪汪的眼睛，在空無一人的角落裏，無助地看著他。他的腦海裏老是浮現著這樣一句詩句：「同是天涯淪落人，相逢何必曾相識」。最後，他哭了。

一九二五年三月，朱湘乘車到南京，新娘也已經從湖南接到了這裏。因爲朱湘計畫結完婚還要回上海，所以大哥同意暫時借他一間房作爲洞房。結婚的這一天，朱府打扮得煥然一新，朱湘的兄弟們都各有原因沒有來，只有也寄寓在南京的二嫂和喜愛他的三姐參加了他們的婚禮；朱湘的朋友本來也不多，這件事他也沒有心情通知朋友們。

婚禮由於進行時的小小插曲而最終變成了鬧劇：在新人拜見父母時，朱湘堅持只進行新式的鞠躬禮，而代父行使家長職權的長兄卻固執地要求他行跪拜之禮。朱湘堅決沒有同意，大哥越想越氣，喝了點酒之後，便借著酒勁大「鬧」新房，把喜燭打成了兩截，對朱湘說：「朱湘，你現在已經成家立業，做兄弟的已經對得起列祖列宗，咱們做兄弟的緣份算盡了，以後你有事不要來找我。」朱湘氣憤之極，當即拉著新娘子拂袖而去，當晚就搬到二嫂家裏去了。

由於還要在上海大學上課，隔了一天，朱湘便帶著新婚的夫人匆匆回到上海。他們在上海寶山路附近新租了一間公寓，由於有了夫人，原先枯寂的單身生活突然有了人氣。婚後的生活是幸福的，同在上海的鄭振鐸也十分照顧朱湘，不時地給他們夫婦一些生活上的接濟。

朱湘的日常起居也開始規律起來。他忙著課務和做詩，而采雲承包了買菜、做飯、洗刷等家務。采雲讓從幼年起一直缺少母親關愛的朱湘第一次感受到了女性帶著母性的細膩與溫柔。新婚幾日，采雲真讓朱湘有點刮目相看。她的性格是活潑而且能幹好強的，許多地方幾乎不讓鬚眉，不像平常受舊式教育的女子那樣弱不禁風或者忸怩作態。更讓朱湘高興的是，采雲人長得秀氣，而且也很聰明，可能由於家庭的原因，也頗識得幾個字，報紙能看個大概，而且能做得一手好針線。

四月的一天，朱湘領到了上月的工資，同時還收到商務印書館匯來的一月出版詩集《夏天》的書款，朱湘拿到錢回家，和采雲說起，采雲也很高興。這筆錢對於夫妻倆而言，的確是一筆不小的財富。兩個人到附近的一家小餐館吃了一頓。晚上睡下來，兩人互訴衷腸，一直到深夜，這是結婚以來兩個都無依無靠的人最貼心的一次。第二天朱湘沒課，他特意陪采雲出去逛了半天街，還特意在一個金鋪爲她買了一枚戒指。作爲回報，采雲也送給朱湘一件他親手織的毛衣。

但在上大的生活很快發生了波動。上海大學本來就有很深的革命背景，正如施蟄存後來賦詩回憶所言：

青雲子弟氣吞牛，欲鼓風雷動九州。
滄海騰波龍起蟄，成仁取義各千秋。

詩中青雲即上海大學當時所在的青雲弄。

一九二四至一九二六年間，上海群眾愛國運動，基本上都由上海大學學生指揮策劃。從五月中旬起，整個上海就因爲上海日商紗廠日籍職員槍殺工人顧正紅一事而陷入了對帝國主義的激憤之中，激憤的學生們開始了罷課示威活動，五月三十日，發生了震驚中外的、英國巡捕打死打傷數十名示威學生、群眾的「五卅慘案」。在這場以學生爲主體的運動中，上海大學自然是首當其衝，犧牲學生中就有上海大學的朱義權、劉華等。上大學生們基本上都走上了街頭，學校很早就停課了。

朱湘沒有參加到這場運動中去，儘管他支持學生們的運動，但生性沉靜的他不喜歡非常激烈的遊行示威。不過，停課以及緊跟著的漫長的暑假就意味著沒有了收入，而這個時候采雲已經懷孕，開銷加大，兩個人的生活逐漸有了捉襟見肘之感。在現實的威脅下，蜜月褪去了最初甜蜜的光暈，采雲對朱湘不管家用，只知道閉門作詩很不滿。因爲詩很難發表，而且有的一首詩才值幾毛錢，夫妻倆有的時候會發生口角，這讓朱湘很苦惱。

這時，朱湘接到老朋友饒孟侃從北平寄來的信，信中說他和幾個朋友在北京籌建了一個適存中學，很希望朱湘能夠回北平助他一臂之力。朱湘考慮再三，覺得這也是一個辦法。於是便和采雲商量，讓采雲回湖南鄉下靜待生養，畢竟鄉下物價便宜，開銷較少，而且也可以得她母親的照顧；朱湘則到北平謀生，掙錢寄回去補貼家用。新婚的劉采雲有點戀戀不捨，但也明白沒有錢給生活帶來的壓力，小夫妻只好暫時分別。

# 第三章　書生意氣

## 一、重回北平

像北平這樣一個歷經了許多朝代風雨的古都而言，一兩年的時間只是一瞬。歲月給了它抗衰老的能力。無論是軍閥混戰的戰火、學生運動的血跡，還是其他人事變動的風波，你都似乎看不出它有什麼大變化，它永遠是那樣的滄桑與博大。變化的永遠是與它作伴的人的面孔與心境。

朱湘走出北京火車站的時候正有這樣的感覺。清華給予他的創作，這一年多來生活的變化，自己對於社會的全新感受與認識，都受了北京熟悉景色的觸動，從記憶的原野裏復甦，奔湧來眼底。一年多的時間，三哥爲著生計已經離開北京，去天津做事，自己與家鄉的血緣聯繫又遠了一層。當年的同學已經不復是學生，而走上了社會，變成了有著自己的理想和抱負，同時也有著成人之後的獨特的心酸與苦惱、開始自謀生路的青年了。

到北京後，朱湘很快就又見到了老朋友饒孟侃、彭基相等。饒孟侃本來應該一九二四年九月留洋，但畢業前夕發生的一件並不很大的事件改變了他的計畫：在食堂吃飯時，饒孟侃發現飯菜不乾淨，向食堂管理人員提出來，但負責齋務的一個外籍職員不但不改正錯誤，反而以阻止饒孟侃留學作爲要脅。饒孟侃是和朱湘一樣的倔強脾氣，一怒之下，他自動放棄了留美的名額。畢業後，他就留在了北京。由於熱心於國民教育，於是他就和彭基相等，經過積極倡議和運動，籌得資金，由著名的化學家兼教育家王星拱任董事長，佘文偉任校長，教員有饒孟侃、彭基相、陳學昭等，一起創辦了一所中學，取名「適存」，取適者生存之意。

適存中學位於北平東西牌樓五顯廟內。儘管是倉促建立，條件簡陋，資金也短缺，但教師都是年輕人，大家都充滿了熱情和對未來的憧憬。這種氛圍甚至感染了生性並不樂觀、並且面臨著經濟上困難的朱湘，他主動承擔了創作適存中學校歌的任務，在這首名爲《少年歌》的校歌中他寫道：

我們是小羊，
跳躍過山坡同草場，

提到嗓子笑，
撒開腿來跑，
活潑是我們的主張。
……
我們是新人，
我們要翻一闕新聲。
來呀，挽起手，
少年歌在口，
同行入燦爛的前程！

真有青春意氣，揮斥方遒的味道。同樣的感受也表現在他這段時期的詩歌創作中，如《熱情》、《光明的一生》、《說夢》等，都充滿了激情和陽光。受西方的諧詩的影響，他甚至寫了一首篇幅不算短，旨在諷喻的童話詼諧詩《貓誥》，把一隻老練世故而善於見風使舵的老貓刻劃得活靈活現。詩中描寫一隻信神的老貓對兒子進行訓誡：

他爬起來把身子搖幾搖，
聳起後背伸了一個懶腰；
他的生性是極其愛清潔，
他拿一雙手掌洗臉不歇。
現在離用膳還有半小時。
他想，教完兒子再去也不遲。
他吩咐小貓侍坐在堂下，
便正顏厲色的開始說話：……

這隻老貓自言始祖是反抗堯舜的三苗，另一個別支則是貓頭鷹，貓鬚則表明是少年老成。在訓誡的過程當中他捕了一隻老鼠，並開始教導「須知強權是近代的精神，談揖讓便不能適者生存。孔子雖曾三月不知肉味，佛雖言殺生於人道有悖，但是西方的科學在最近，證明了肉質富有維他命。」最後貓被主人喚去吃飯，但中途卻被狗擠走，因此：

老貓直氣得將兩眼圓睜，

他一壁向狗呼，一壁退身。
小貓也跟著退出戰陣外，
他恭聽老貓最後的告誡：
有一句話終身受用不竭，
便是老子說的大勇若怯。

和老友的重逢讓在上海孤獨慣了的朱湘有一種到家的感覺。閒暇的時候他甚至會和饒孟侃相約著一起去打彈子。打彈子是朱湘不多的愛好之一。記得當時剛到北京的時候，三哥剛謀得一個小差使，儘管錢不多，但日子是安定而空閒的，那時他偶爾帶著朱湘去打過幾次桌球，這樣的回憶讓朱湘倍感親情的溫馨，朱湘是從那個時候喜歡上它的。進入清華後，學校裏有專門的彈子室，是限時開放的，一開始不收費，那時朱湘偶爾會和饒孟侃打上一兩局。

生活似乎真翻了一個樣。北平是京都，到處都能碰到從各地前來闖世界的青年人，他們除了才華和夢想外一無所有。經濟既然是大家的普遍問題，也就等於不是問題。對朱湘來說，貧窮並沒有什麼大不了，從上學開始一直到現在，已經像自己的老朋友了，只要是孤身一人再困難也沒有什麼大不了；關鍵是這兒不像自己在上海時那樣閉塞和孤單。從朋友那兒，他還得到一個意外的消息，就是他去年剛結識的朋友劉夢葦現在也在北京，住在北河沿公寓。撇開新認識的朋友不談，其他還有讓人快意的消息不斷地傳來。先是老友聞一多不願在美國過弱國子民的生活，已經提前回國，現在北平新成立的美術專門學校任教務長；另外當年清華四子中的另兩位孫大雨和楊世恩，也先後恢復了聯繫。孫大雨、楊世恩在清華低朱湘、饒孟侃一級，本來應該二五年畢業留洋，但按照學校的規定，他們在赴美留學前，需先在國內遊歷一年，故而現在還在北平。有一次，孫大雨還帶來一個略顯靦腆的年輕人。坐下來之後，年輕人就主動向朱湘介紹，他就是羅念生。羅念生是四川威遠人，現在在清華讀中等科四年級。他學的是數學，但特別喜歡文學，文筆也不錯。他讀過朱湘的許多詩，對朱湘反抗學校的壯舉尤其非常欽佩，那天朱湘在西園裏獨自徘徊的樣子給他留下了深刻的印象。朱湘退學之後，羅念生認識了孫大雨，又通過孫大雨的介紹，和當時已經在上海的朱湘通過幾次信。現在知道朱湘已經回到北京，所以特地和孫大雨一起來和朱湘見見面。朱湘平時和不熟悉的人說話很少。那天唱主角的是孫大雨，朱湘很少說話，和羅念生的交談更少。臨走的時候，他和這個後來成為他最好的朋友之一的年輕人握手，認真地說：「什麼時候拿你寫的文章來，我們可以切磋切磋。」

和一幫寫詩的朋友們的聯繫恢復更增加了朱湘的寫詩熱情。事實上，朱湘還和在學校時一樣，不大喜歡人際間的交往。除了在適存中學的日常教學之外，朱湘還是把主要精力放在寫詩上。

## 二、北海暢談

夏天快結束的時候，一個星期天的下午，朱湘獨自一個人乘上電車去北海公園，想在那裏完成一首詩的寫作。從在清華讀書開始，一個人找個安靜並且富有詩意的地方躲起來寫詩，就成爲他的愛好之一。當時北海他也來過幾次，但畢竟清華離這兒太遠，來去不大方便。這次住的地方離北海不算遠，因此他幾乎每個星期都要來一兩次：他喜歡北海的水光湖色。轉車的時候，突然被一個人拍了拍肩膀，他抬頭一看，不覺驚得叫出聲來：原來竟是劉夢葦。劉夢葦是朱湘去年夏天在南京清涼山上杏院逗留時偶爾結識的。劉夢葦也是湖南人，原名國鈞，湖南省立第一師範學校畢業，他的新詩也很有造詣，在和朱湘相遇之前，他在長沙時成立過詩社「安社」，在上海又成立過飛鳥社，還創辦了《飛鳥》月刊。當時朱湘在雜誌上已經看過劉夢葦的《吻之三部曲》等詩，很是讚賞。兩人一見如故，很快聊起來。朱湘向來不善交際，整日與書本爲伍，言語不多，劉夢葦則從小在外，走南闖北慣了，要健談一些。言談中他們很快發現雙方身世飄零，甚至行蹤都大致類似，劉夢葦是從長沙到北京尋求發展，又輾轉去了上海、寧波，現在這素有帝王之都的北京暫住；兩人對詩的見解也有不少相同的地方，都對新詩的格律比較重視。所謂千金易得，知己難求，不禁都有相見恨晚之意。那次兩人一直談到華燈初放，才尋路下山，依依不捨地分手。

偌大的北平城，竟然在路上相遇，不能不說是個小小的奇蹟。半年不見，劉夢葦削瘦了一些，但樂觀的性格依舊。高興之餘，朱湘臨時改變計畫，邀請劉夢葦一起去逛逛北海。劉夢葦正好沒什麼要緊的事，也就高興地答應了。

由於是陰天，北海裏人很少，很幽靜。兩個人在北海濠濮園的後堂閒坐，談些分別後的經歷，很快話題就談到了他們的新詩實踐上，談到一班原來作新詩的人當初本是轟轟烈烈，但是出了一兩本集子後，便銷聲匿跡，不僅沒有集子陸續出版，甚至連一首像樣的好詩都拿不出來了。劉夢葦對這種人很是鄙夷，他說：「這完全是因爲這幫人是拿詩當作進身之階，等到名氣成了，地位有了，詩也就跟著扔了。」朱湘認爲有一定的道理，但他覺得更主要的原因還有兩個：淺嘗的傾向和抒情的偏重。所謂淺嘗，就是有一些人本來不打算終身致力於詩，不過因了一時的風氣而花些工夫嘗試一下的人，他們當中有些人不乏詩的稟賦、涵養、見解，但關鍵是熱心和能耐有限。說到這兒，朱湘有些激動了，他說：「詩，與旁的學問旁的藝術一般，是一種終身的事業，並非靠了淺嘗可以興盛起來的。最可恨的是，這些淺嘗者中有人一點沒有自知之明，他們居然堅執著他們的荒謬主張，溺愛著他們的淺陋的作品，對於真正的方在萌芽的新詩加以熱罵與冷嘲，並且掛起他們的新詩老前輩的招牌來蒙蔽大眾，這是新詩發達上的一個大阻梗！」

朱湘的眼光投向了旁邊的池塘。安靜的環境以及知心的朋友使他有一種把隱藏在自己心底的一些看法都講出來：「第二種阻梗便是胡適的一種淺薄可笑的主張。他說，現代的詩應當偏重抒情的一方面，庶幾可以適應忙碌的現代人的需要。殊不知詩之長短與其需要的時間長短根本不成比例。比如，李白的《敬亭獨坐》，雖然只有寥寥的二十個字，但是要領略出它的好處，所需時間之多，可能比《木蘭辭》有過之而無不及。進一層，我們可以說，像《敬亭獨坐》這一類的抒情詩，忙碌的現代人根本看不懂，再進一層說，忙碌的現代人根本就不需要詩。小說他們都嫌沒有功夫與精神去看，更何況詩？所以，我們如想迎合現代人的心理，就不必作詩；想作詩，就不必顧及現代人的嗜好。詩的種類很多，抒情不過是一種，此外如敍事詩、史詩、詩劇、諷刺詩、寫景詩等等，哪一種不是充滿了豐富的希望，值得致力於詩的人去努力？因此——」朱湘總結道：「上述的兩種現象，抒情的偏重，使詩不能作多方面的發展，淺嘗的傾向，使詩不能作到深宏與豐富的田地。這，便是新詩之所以不興旺的兩個主要原因！」

兩人坐的時間長了，便一邊談話一邊起身走上一條兩邊都是古槐的長路，繞海水的北岸，經過用黃色與淡青的琉璃瓦造成的琉璃牌樓時，兩人租了一條小划船。由松坡圖書館一直划到漪瀾堂時，下起雨來，兩人在水心的蓆棚下躲了片刻，等雨停了，兩人又離開漪瀾堂，坐敞篷船橫渡到對岸的天王殿。這時候天色已暗，雨又重新下了起來。展目遠望，只見傍晚的天空是一片魚肚白，渲染著濃灰色的未盡的雨雲。下面是暗青色的海水，白亮亮的雨點打在水面，激起一個一個的小渦。水畔是起伏不定的嫩綠色的蘆葦，時有黑脊白腹的水鳥在一片綠色之中飛過。兩人坐在天王殿，悠閒地看著眼前的景色，又閒談起來，評論時人，預想未來，還談到文學與美術、文學與音樂的關係。等到雨住時，天色已經黑了。兩人才借著路中雨水窪的微光踏上歸途，一路上，朱湘說起自己之所以作新詩的理由：「不爲別的，只因爲它是一種嶄新的工具，有充分發展的可能；它是一方未開墾的沃土，有豐美收成的希望。詩的本質是一成不變萬古長新的；它便是人性。詩的形體則是一代有一代的。例如中國的賦、詩、詞、曲，再如英國的無韻體、十四行、樂府體、駢韻體等等。我們的新詩不過是一種代曲體而興的詩體，將來它的內涵一齊發展出來的時候，自然會另有一種別的更新的詩體來代替它。但是如今正是它的時代。就文學史來看，差不多每種詩體的最盛的時期都是這種詩體出現伊時，所以現在工具是有了，就看我們會不會運用它。我們要是爭氣，那我們便會有幸親身參與或親眼看到盛況；要是不爭氣，也許新詩的興盛只好再等五十年甚至一百年了。現在的新詩，在抒情方面近兩年來已經略具雛形，但敍事詩與詩劇則仍在胚胎之中，據我的推測，敍事詩將在未來的新詩上占最重要的位置。我推想新詩將以敍事體來作人性的綜合的描寫。……」

朱湘回到住處時已經很晚，但他依舊很興奮。之前一則是自己說話不會拐彎，容易得罪人，不大願意多說話，二則是因爲很難找到一個合適的談話對象。可以說很長時間以來沒有和誰這樣暢快淋漓地交流過對新詩的看法了，尤其聽衆是和自己志同道合者。他鋪開稿紙，就著暗淡的燭光，寫下了一個題目：《北海紀遊》。

## 三、朋友之間

快進入冬季的時候，饒孟侃、孫大雨得知聞一多、余上沅他們所住的西單梯子胡同裏的另一間屋子空下來正待出租，價格也很公道，便和朱湘及楊世恩商量乾脆大家搬過去住到一起。於是一致辭退了原來的住處，搬了過去。清華四子同住一屋，每天除了工作之外，便是作詩看書，聞一多他們有時候也過來聊聊天，暢談詩歌，回憶過去，彷彿回到了在清華的日子。爲了節省開支，也爲了方便，大家商量共請一個廚子做飯，伙食費最後一起結算。大家經濟都不寬裕，適存中學因爲是初建，經濟周轉不過來，發的工資很少，朱湘更是連給廚子的飯錢也不夠。年底，孫大雨把自己的黑緞萬字花紋皮馬褂送進當鋪，當來錢替他支付了伙食，這才算是解決了吃飯問題。

正如他和劉夢葦暢談文學時說過的，他對敍事詩非常抱有希望，因而這段時期他集中精力作敍事詩。這段時期他寫的敍事詩除了《貓誥》之外，還作了《還鄉》和《王嬙》兩首長篇敍事詩，另外取材於《金玉奴棒打薄情郎》的《團頭女婿》、意在敷衍民間傳說的《八百羅漢》也都開了一個頭。朱湘有一個宏大的計畫，就是把一些歷史人物的故事都用敍事詩的形式寫出來。他最想寫的是《文天祥》，而且一直在收集有關的資料，但他捨不得把這一題材隨意浪費，決定把這首詩留到自己人到中年，有了一定的人生閱歷的時候再寫。

已經寫成的兩首長篇詩中，《王嬙》全詩有九百五十多行，是根據話本小說《王嬙鸞百年長恨》的故事敷衍而成的。朱湘用清秀明朗的筆法，把一個平凡的故事演成美麗的詩篇，在敍事中更多優美的抒情，語言也吸取了民間流傳的彈詞鼓書與古代詞曲的營養，對人物心理的細膩刻劃則借鑒了西洋小說的經驗。例如對王嬙母親忌辰的描寫：

……

時光真快，已到梅雨期中：

陰沈的毛雨飄拂著梧桐，
一夜裏青苔爬上了階砌，
臥房裏整日的垂下簾櫳。

稀疏的簷滴彷彿是秋聲，
憂愁隨著春寒來襲老人；
何況妻子在十年前亡去，
今日裏正逢著她的忌辰。……

他還歷歷記得那裏的妻：
一陣潮紅上來，忽睜眼皮，
接著喉嚨裏發響聲，沉寂
顫搖的影子在牆上面移。

……

全詩的架構整齊而不板滯，押韻而多變換。在王嬌的婚姻大事發生了悲劇變化時，詩的格式也由原先的四行一段變爲不分段，以形式體現故事情節的變化，顯示了不俗的功力。朱湘對這兩首詩的成功也非常得意，正值羅念生拉著羅皚嵐來看他，拉他到清華喝酒。朱湘因爲被清華所逐，本來不肯在清華重新接納他之前再回去，但這次高興之下，欣然前往。中午與幾個清華學弟聚餐，喝得酩酊大醉，直到晚上才回來。

這次他還通過羅念生認識了羅皚嵐。羅皚嵐和羅念生同宿舍，也是湖南人，和朱湘算老鄉。當時他學習的專業是數學，但同時愛好文學，尤其喜歡寫小說，對自己的學長、以詩名聞名於清華的朱湘自然也是尊敬有加。這次之後，朱湘去清華找二羅玩的次數也多了起來，對二羅的文學創作也像小弟弟一樣照顧。他自己對藝術素來認真，對創作努力，同時自然希望別人也是這樣。根據羅念生的特長，他建議羅念生多寫散文；羅念生說學校生活單調無味，他就勸羅念生要多與社會接觸，體驗人生；他知道皚嵐在寫小說，便常從城裏帶小說給他看。有一次，他甚至專門帶去一部《春明外史》。給羅皚嵐時，他認真地說：「你不要認爲這是舊式章回體小說，過時了，沒看頭。不管是中西新舊，只要是好的我們都要吸收。我做新詩也很注意吸收舊詩的形式優點的。這本《春明外史》裏面好多描寫都是非常細膩的，很值得一看。」那些時候傳統章回小說和張恨水這樣的鴛鴦蝴蝶派作家正飽受批判，羅皚嵐儘管有時也隱隱約約覺得章回小說並不像大多數人所認爲的那樣不堪，但一直不敢肯定，經過朱湘這一席充滿自信的話的解釋，心裏豁然開朗，很是贊同朱湘的觀點。那一次，朱湘還要走了羅皚嵐的幾篇小說，想找機會介紹給朋友發表，後來果然把他的一篇《來客》托沈從文介紹到《現代評論》發表了。

對於朱湘來說，朋友難得。他心目中的朋友要既是誠懇真摯足以交心的，又要是熱心文學真正有追求的。朋友就像詩歌一樣重要。朋友意味著陽光和微笑，意味著相契和理解，意味著親情和寬容。他不能想像沒有朋友的生活會是什麼樣子。

# 第四章 《詩鐫》始終

## 一、讀詩會

北平西城西京畿道三十四號，是一座四合院。原先屬於一個破落的旗人子弟，由於年代久遠，木頭大門已經被歲月的風雨剝蝕，只能依稀看出當初的一點紅色，由於正月剛過，門上還貼著一幅字體很大、在老北平人家門前經常可見的楷書對聯：忠厚傳家久，詩書繼世長。在院牆外面可以看見院裏兩棵高大的棗樹。樹冠已經越過圍牆，但因爲是冬天，現在還光禿禿地沒有一絲的綠色。古老的牆頭上可以看到春夏季藤蘿類植物爬過的痕跡。總而言之，它和大部分京城的民居並沒有什麼區別。

孫大雨還在那裏看門牌號碼，饒孟侃已經性急地開始敲門了。門很快開了，穿著厚布棉袍的聞一多疾步走出來，笑著說：「原來果然是四子呀，有失遠迎，有失遠迎！快請進吧。」

這次朱湘他們四個人正是應聞一多之約前來一聚的。這裏是他的新住處。聞一多因爲工作已經穩定，便趕在新年之前，把妻子素貞和孩子從老家接過來，從西單梯子胡同搬了出去，重新租了這個院子裏面的三間屋子。新春伊始，免不了一陣寒暄。四人當中，饒孟侃、朱湘、楊世恩在聞一多裝修時都來過，孫大雨則是初次，所以聞一多意興盎然地請孫大雨參觀：中間是堂廳，左邊是臥室，右邊便是書房。剛走進聞一多的客廳，孫大雨不由自主地驚歎了一聲：「哎呀，果然不同凡響。早就聽子離他們誇獎過了，今天一看，的確大開眼界！」待進入聞一多的書房，又是一陣嘖嘖稱讚。

原來，書房裝飾得太別具一格了。稍後詩人徐志摩曾用他的天縱之筆，在《晨報詩鐫》的《詩刊弁言》中進行了描述，並詳細介紹了所帶來的獨特效果：

一多那三間畫室，佈置的意味先就怪。他把牆壁塗成一體墨黑，狹狹的給鑲上金邊，像一個裸體的非洲女子手臂上腳踝上套著細金圈似的情調。有一間屋子朝外壁上挖出一個方形的神龕，供著的，不消說，當然是米魯薇納絲一類的雕像。他的那個也夠尺外高，石色黃澄澄的像蒸熟的糯米，襯著一體黑的背景，別饒一種澹遠的夢趣，看了叫人想起一片倦陽中的荒蕪的草原，有幾條牛尾幾個羊頭在草叢中掉動。這是他的客室。那邊一間是他做工的小屋子，基角上支著畫架，壁上掛著幾幅油色不曾乾的畫。屋子極小，但

> 你在屋裏覺不出你的身子大；……白天有太陽進來，黑壁上也沾著光；晚快黑影進來，屋子裏彷彿有梅斐士滔佛利士的蹤跡；夜間黑影與燈光交鬥，幻出種種不成形的怪像。這是一多手造的阿房，確是一個別有氣象的所在，不比我們單知道買花樣紙糊牆，買花席子鋪地，買洋式木器填屋子的鄉蠢。

其實並不是「三間畫室」，聞一多很喜歡美術，當年留美時最初也學的是油畫，只是後來才改成了文學。所以在設計書房時，他也就把書房兼作爲畫室了。

儘管去年年底在西單梯子胡同時大家也經常見面，聞一多偶爾也串串門，但那時的聊天基本上限於生活瑣事，而這次不同，大家會聚的目的很明確，就是探討新詩的有關問題。楊子惠回憶起了當年文學社的往事。文學社成立是在二一年冬天，當時下面分詩歌、小說、戲劇三支，聞一多是詩歌組理所當然的領袖。到最後一年時，聞一多因爲是推遲一年留洋，已經不上課，就一個人住一間高等科的宿舍。於是那個宿舍就幾乎成了詩歌組的談詩沙龍。現在，原先的清華四子，加上聞一多，大家的感覺就彷彿回到了當年的清華文學社。朱湘在一旁頗有同感，他也是差不多那時加入文學社的，那個時候他對新詩剛剛是興致最濃的時候，《夏天》裏的許多詩就是那個時候寫的。當時聞一多在文學社常會上作了《詩的音節問題》的報告，後來大家又傳看了他寫的《律詩的研究》，這些對自己當時的寫詩可以說不無啓發。

談起目前詩歌的創作和主張，大家發現時隔多年，大家關於新詩的觀點竟是十分接近，比如胡適的詩失之淺顯，而郭沫若的大部分新詩感情又未免過於氾濫，新詩要想做得好，還需要從中國的古典詩歌裏尋找啓發和營養，等等。另外，聞一多認爲一首好詩一定是適於朗誦的，這一點與朱湘的觀點完全一致。聞一多還拿出他剛寫完不久的《詩的格律》的手稿，向大家介紹了他的「三美」理論，即他認爲新詩應該做到音樂美、節奏美、色彩美；孫大雨這段時期也正在進行用兩個或三個漢字爲常數，而有各種變化的「音組」結構來實現詩的節奏；饒孟侃也談了他對詩的音節、節奏，以及土白入韻方面的看法。儘管在一些細部大家的看法不盡相同，但總的說來，是在往同一個方向發展，這尤其讓朱湘高興，他彷彿已經看到了新詩輝煌的未來。

臨分手之前，大家意猶未盡，約定以後大家就在聞一多這裏經常會面，可以嘗試進行詩歌朗誦，當然也可以交換新作，或者探討新的觀點。朱湘建議，如果有志同道合的朋友，也不妨帶來。他特意推薦聞一多看看劉夢葦剛剛在報紙上發表的《寶劍之悲歌》，他認爲劉夢葦的詩形式上很值得注意。現在有許多人都在進行新詩的嘗試，如果把這些同道都聯合起來，大家同聲相應，同氣相求，這樣就更容易壯大新詩的聲勢，也容易推進新的詩歌形式的發展。他的這一看法也得到大家的贊同。

那次會面之後，這個不大的客廳很快成了他們這幫年輕詩人的樂窩，這一群人中還陸續增加了劉夢葦、朱大枏、蹇先艾、于賡虞等人。在對詩歌的討論過程中，大家都不約而同地相信，好的詩歌是完全可以讀的。因此，最初的朋友聚會慢慢就成了一個讀詩會。在讀詩會上，大家可以自由朗誦最近所碰到的好的詩歌作品，可以讀自己的，也可以讀他人的。許多詩歌經過朗誦之後，用字措詞的輕重得失更容易顯示出來。大家一起爭論著詩句的整飭，字詞的推敲，平仄的妙處，音韻的和諧，聞一多依然是大家的大哥，經常率直地對大家的詩提出他的修改意見。有的時候，他在屋子裏踱著步，彷彿又回到了當年清華的高等科宿舍裏，以他慣有的自信和詩人的語言，對著他的一幫朋友談著他對新詩和律詩的看法：

「舊的律詩是削足適履，而新詩則是量體裁衣；舊的律詩格式與內容無關而新詩的格式永遠追隨著內容的精神；另外，舊律詩的格式是僵死的，而新詩的格式可以由我們自己的意匠來隨時構造。」

「新詩優越性的忠實貫徹者是音尺，也就是音組，這既是律詩也是英國詩歌給我的啟發。我相信，這一發現可以解決目前新詩無章可循的局面，新詩由此可以走進一個新的建設時期。」

作爲他的觀點的佐證，聞一多用略帶湖北腔的官話向大家朗誦他最近的一篇得意之作《死水》：

這是一溝絕望的死水，
清風吹不起半點漪淪。
不如多扔些破銅爛鐵，
爽性潑你的剩茶殘羹。

也許銅的要綠成翡翠，
鐵罐上鏽出幾辦桃花；
再讓油膩織一層羅綺，
黴菌給他蒸出些雲霞。
……

這是讀詩會上大家公認的最爲完美地貫徹了他們理論主張的新詩之一。讀詩會上大家公認的佳作還有朱湘的《採蓮曲》。這首詩去年夏天朱湘在上海寫成，也是他的得意之作：

小船呀輕飄，
楊柳呀風裏顛搖；
荷葉呀翠蓋，
荷花呀人樣嬌嬈。
日落，
微波，
金絲閃動過小河。
左行，
右撐，
蓮舟上揚起歌聲。

菡萏呀半開，
蜂蝶呀不行輕來，
綠水呀相伴，
清淨呀不染塵埃。

第四章　《詩鐫》始終

溪澗
　採蓮，
水珠滑走過荷錢。
拍緊，
　拍輕，
槳聲應答著歌聲。
……
蓮蓬呀子多；
兩岸呀榴樹婆娑，
喜鵲呀喧噪，
榴花呀落上新羅。
溪中
　采蓮，
耳鬢邊暈著微紅。

風定，
風生，
風颸蕩漾著歌聲。

升了呀月鉤，
明瞭呀織女牽牛；
薄霧呀拂水，
涼風呀飄去蓮舟。
花芳
衣香
消溶入一片蒼茫；
時靜，
時聞，
虛空裏嫋著歌音。

這首詩中有「江南可採蓮」的那種完美的意境，在音節上長短相間，又有詞所特有的抑揚頓挫和琅琅上口。朱湘向來喜歡音樂，當年曾經參加過清華的唱歌團，音色很美，國語也很標準。朱湘吟完詩，大家都沉浸在詩一般的意境裏，儘管季節還在早春，大家彷彿嗅到了夏日的荷香，感受到了湖面上的微風，聽到了採蓮少女的裙裾拂動之聲。劉夢葦聽了朱湘的朗誦後，高興地對朱湘說：「就憑你這首詩，我們讀詩會可就有了底氣啦！」朋友的評論讓朱湘很高興。

讀詩會開得熱熱鬧鬧。有的時候，大家也把地點移到劉夢葦所在的北河沿公寓，偶爾也在朱湘他們的寓所。讀詩會上還陸續地讀過聞一多的《賣櫻桃老頭兒》、《聞一多先生的書桌》、朱湘的《昭君出塞》、劉夢葦的《鐵道行》等。隨著時間的推移，這個小小的讀詩會在北京文學圈裏的名氣很快就大了起來，這讓大家更爲高興，對新詩的未來也更充滿自信。

## 二、籌辦《詩鐫》

三月初的一天，大家照例在聞一多處見面，這次因爲要談讀詩會辦自己的刊物的事，大家都比較興奮。辦刊物的事最初是由劉夢葦提出來的。這個眉目清秀的湖南人儘管有著嚴重的肺病，而且經常咳血，但依舊對新詩有著異乎尋常的熱情。一次讀詩會在他的住處舉行，他說：「我們現在已經有這麼多人，有了這麼大的力量，爲什麼不辦一份詩歌方面的雜誌呢？當年朱自清、劉延陵、俞平伯、葉聖陶曾經辦過一份《詩》月刊，可惜不久就停刊了。我們完全可以往這方面努力呀！」這一看法當時就得到了大家的回應。大家決定好好籌畫，隔幾天聚會時再一起商議有關的辦法。

朱湘和楊世恩到得比較早。剛進了四合院，聞一多就迎了出來，高興地招呼道：「子沅，來啦？」

三人一邊往屋裏走，楊世恩就迫不及待地問：「一多，據說你和美專鬧翻啦？」

「是啊。教育部不同意延請蔡孑民先生，最終還是讓林長眠做校長。可笑的是劉百昭放風說我想自己做校長。」

「我從子離那裏知道你三日辭職的事。下面有什麼打算？」

「還沒計畫。這也正好，有時間好好籌畫一下我們自己的詩刊。」

到了書房，劉夢葦已經早就在那裏了。劉夢葦因爲之前已辦過幾次詩社和雜誌，因此對辦雜誌這件事熱情最高，出力也最多，他這次特意帶來了一些自己設想的計畫來供大家探討。過了一會兒，饒孟侃等人也陸續進來了。大家見面，少不得都關心一下聞一多辭職的事。寒暄了好久，還是聞一多扯回了正題：

「辦雜誌的打算我們之前零星商議過不少，現在到了落實的時候。大家都知道現在段政府對言論出版卡得很緊，辦刊物需要呈報備案，很不方便。但是報紙的副刊允許有附屬的週刊，而辦這種週刊只要編輯同意就行，省事多了，這情況我們之前已經討論過。這幾天我考慮，徐志摩正好接替孫伏園做《晨報副鐫》的主編，辦刊物的事，我們可以找徐志摩。不知道大家意下如何？」

坐在角落裏的朱湘突然嘴角露出笑意，他輕輕推了推身邊的楊世恩：「還記得當年徐志摩在清華的演講嗎？」

楊世恩點點頭，又微笑著搖搖頭。

大家熱烈地商量著刊物的事宜，最後商定，第一，如果刊物辦成，由平常的一班朋友輪流擔任編輯；第二，徐志摩才氣橫溢，《志摩的詩》去年發表以來在詩壇具有相當的影響力，最好請得他也同時擔任編輯。他知名度大，交友也廣，這對推廣大家的詩歌主張並進一步擴大影響不無裨益；第三，聞一多威望最高，又與徐志摩相熟，請徐志摩的事當然義不容辭；蹇先艾的叔父和徐志摩的父親是朋友，蹇先艾和徐志摩以前也有來往，所以由聞一多和蹇先艾儘快與徐接洽。

商議既定，楊世恩有事先走，大家又隨便談了談最近的創作和文壇軼事，話題主要是最近徐志摩和陸小曼的婚姻鬧劇和聞一多所在的藝校的風潮，聞一多還興奮地談起了自己現在正在進行的一件大事：準備和剛從美國回來的羅隆基以及其他朋友一起，出席三月十號北京的反俄援僑大會。但饒孟侃和孫大雨對此都不大以爲然。饒孟侃認爲前一階段一些報導宣揚的中國人在蘇聯遭受虐待一事不一定屬實，涉及到政治的事還是小心爲妙。朱湘因在上海大學執教，對共產黨有一定的瞭解，他心中也同意饒孟侃的觀點，但沒有吱聲。一番暢言之後，看著天色向晚，大家紛紛告辭了。

劉夢葦和朱湘同行，他注意到朱湘不知何時情緒變得很低落，整個討論過程中一直沒有發言，便關心地問他什麼原因，朱湘沒有答話。劉夢葦素知他的脾氣，不以爲意，便又問起他當時和楊世恩提起徐志摩演講的事，這似乎引起了朱湘的談興。他饒有興趣地向劉夢瑋講起了四年前徐志摩到清華演講的事：

那是二二年秋天，徐志摩剛從英國劍橋大學皇家學院學成回國，那時候他還在大追特追林長民的女兒林徽因。當時聞一多已經畢業了半年多，文學社工作由大學一年級的梁實秋負責。梁實秋素聞梁啟超弟子徐志摩大名，便通過梁啟超的兒子梁思成轉請徐志摩到清華作演講。徐志摩欣然同意了。朱湘那時上高等科二年級，在清華文學社已經一年多了，因此適逢其會。徐志摩那天穿著件綢夾袍，外面罩一件小背心，還綴著幾顆閃閃發光的紐扣，活脫脫一紈袴公子。那次他演講的題目是「藝術與人生」，本來是個不錯的題目，可惜他可能是剛留洋回來，眼高於頂，要擺弄名士派頭，不顧演講的對象是清華學生，硬用牛津風格來演講，照著準備好的稿子一字不落大念一通，而且還是一口濃郁維多利亞味的英語！清華是留美預備學校，教師大都來自美國，學習發音也是以美式英語為主，這樣半數以上學生便聽不懂。更讓朱湘他們文學社一班人惱火的是，徐志摩的演講完全否定中國，高舉西洋，他的論點是：「因為我們沒有生活，所以我們沒有藝術」，「中國人成為這樣一種生物，沒有宗教，沒有愛，甚至沒有任何的精神冒險。中國人所崇拜的那種冷靜的生活態度，實際上是否定生活、窒息感情的聖火。」清華文學社從聞一多起從來都是以弘揚、復興中國傳統文化為己任的，虧他還是梁啟超的學生。所謂道不同不相為謀，朱湘聽得火起，沒有聽完就退場了。後來聽說那次演講還沒完，人就走得差不多了。朱湘本來對富家子弟就抱有成見，徐志摩的自負與失敗更加深了他的這一印象。在那之後，他陸陸續續地聽到一些關於徐志摩的花邊新聞，也偶爾看見徐以「詩哲」為筆名發表的一些詩，因此對徐志摩壓根兒就沒有好感。

本來朱湘想和劉夢葦一起吃晚飯，但劉夢葦說還要去找人。朱湘早就知道劉夢葦的事，知道他要找的人肯定是那個讓他魂牽夢繞的女學生，也就不再堅持。於是兩人就在離西單梯子胡同不遠處分了手。

聞一多和徐志摩相熟是在他回國之後不久。由於在美國的同學、徐志摩的妻弟張禹九的介紹，他和余上沅加入了徐志摩的新月社。新月社的前身是設在徐志摩家裏的沙龍性質的聚餐會。泰戈爾訪華後，徐志摩受泰戈爾著名詩集《新月集》的影響，成立了新月社。由於徐志摩本身所處的地位，成員大多是當時上流社會的一些學者名流，除了徐志摩外，還有胡適、張君勱、陳西瀅、丁西林、林長民和林徽因父女等，連梁啓超也經常參加他們的活動，聞一多就是在這兒和徐志摩等人相熟的。

徐志摩對新月社寄予厚望，並不滿足於以娛樂爲主的聚餐，很想做中國的雪萊，以此實現自己的價值主張，因此早就有創辦自己的報紙的想法。新月派成立之前，他就想辦《理想月刊》，沒有成功；後來新月社成立，他又想辦新月週刊或者月刊，泰戈爾訪華時，也曾建議他辦個英文雜誌，但都沒有成功。一九二四年九月，《晨報副鐫》原來的編輯孫伏園辭職去做《京報副刊》的編輯，同是新月社成員、負責晨報的劉勉己想到聘請徐志摩來擔任這一職務。當時徐志摩正在北大教書，時間有點緊張，本來有意讓已經是《晨報》的特約撰稿員、正在尋找工作的聞一多來接手。後來由於種種原因，還是由徐志摩自己接辦了。

徐志摩接辦《晨報副鐫》之後，感到儘管實現了自己辦份報紙的願望，免了「另起爐灶」

的麻煩，但畢竟受聘於人，不能自由地表達自己的主張。正在這時，聞一多找他談了想掛靠《晨報副鐫》做《詩刊》的想法，由於以上種種關係，徐志摩自然正中下懷，滿口答應，而且也欣然答應作爲新創立的《詩鐫》的編輯之一。

接下來的時間很緊張，三月二十七日，徐志摩第一次出現在聞一多家裏，大家一起詳細商討了副刊的有關事宜，主要是稿件的安排、發刊的時間，以及發刊詞的內容問題。最後決定，四月一日出《詩鐫》第一號，每週四出版，主編採取輪流制，由徐志摩、聞一多、饒孟侃、朱湘、孫大雨、楊世恩以及劉夢葦等輪流。一、二號由徐志摩編，三、四號由聞一多編，五號由饒孟侃編……。另外，大家約定每兩周聚會一次，主要是大家交稿，同時也可以互相再交流交流。發刊詞則按照大家商定主要內容，由徐志摩執筆。朱湘對由新加入的徐志摩撰寫發刊詞，以及輪換次序內心都不大贊同，但看包括聞一多在內大家意見都一致，也就不說什麼了。

四月一日星期四，具有紀念意義的、中國新詩史上的第二個詩刊《詩鐫》正式問世了。聞一多親自爲《詩鐫》做了刊頭，畫面象徵著同仁在詩壇上開創新天地的抱負。《詩刊弁言》由徐志摩執筆，闡述了他們這一幫新詩人的基本看法：

我們信詩是表現人類的創造力的一個工具，與音樂與美術是同等性質的；我們信我們這民族這時期的精神解放或精神革命沒有一部像樣的詩式的表現是不完全的；我們信我們自身靈性裏以及周遭空氣裏多的是要求投胎的思想的靈魂，我們的責任是替它們搏造適當的軀殼，這就是詩文與各種美術的新格式與新音節的發見；我們信完美的形體是完美的精神唯一的表現；我們信文藝的生命是無形的靈感加上有意識的耐心與勤力的成績；……

《詩鐫》的誕生是帶著新生一代詩人的全新氣象的，正是以此爲陣地，以聞一多、朱湘等人的詩評以及這一幫詩人的創作實績，宣告了那種散漫的、散文式的自由體詩的終結，以及注重形式、音韻的和諧的新格律詩的誕生。

## 三、《詩鐫》風波

但這份報刊留給朱湘更多的是不快的記憶。

從一開始，徐志摩後來居上而獨攬大權的姿勢就令他不快，他不懂大家爲什麼那麼遷就徐志摩。徐志摩和他的確也有太多的不同：四月份他和其他《詩鐫》同仁一起到徐志摩松樹胡同七號的家裏參加了聚會。徐家是優雅而奢華的，處處透著上流社會的紳士氣，大家在一起吃點心時，朱湘注意到光水餃就上了好幾種，這些都隱隱刺痛了一直生活在貧寒之中的朱湘的孤傲的心，他知道他們不是同一類人。當然他們的不同不僅於此：徐志摩是快樂而無憂的，他是憂鬱而沉靜的；徐志摩像孟嘗君一樣廣交三教九流的朋友，他的朋友被嚴格控制在意氣相投的圈子；徐志摩在愛情上華而不實，見異思遷，只顧個人感受，而他，接受了指腹爲婚的婚姻，也無意爲了尋找自己的愛情而無情地傷害另外一個人；徐志摩的熱衷與名人拉關係也是朱湘鄙夷不屑的，他覺得作爲一個真正的詩人，應該對自己有足夠的自信……

在《詩鐫》出創刊號之前不到兩周，在北京國務院段祺瑞執政府門口剛剛發生了「三一八慘案」，遊行示威的學生遭到了屠殺。因此，正如聞一多所說，「我們就將《詩鐫》開幕的這一日最虔誠的獻給這次死難的志士們。」這一期是紀念「三・一八」慘案專號，發表了饒孟侃的《天安門》、楊世恩的《「回來啦」》、聞一多的《欺負著了》、劉夢葦的《寄語死者》、徐志摩的《梅雪爭春》等。然而，正當大家沉浸在「三一八」所激起的熱情和義憤裏時，朱湘沒有在這一期發表文章。這段時期，他爲自己的詩不受重視而暗暗不快。不快被深埋在心裏，對於朱湘這樣一個性格敏感暴烈、喜怒皆形之於色的詩人而言，彷彿一堆隨時可能被點燃的火藥，——而且，的確很快就被點燃了。

先是在四月八日徐志摩主編的《詩鐫》第二期，本來有他的詩評《郭君沫若的詩》，但由於版面安排得太滿，徐志摩便把朱湘的這一篇文章抽出來，放到了四月十日星期六的副刊發表。

朱湘的不滿很快在第三期發表時達到了頂點。第二期後，朱湘拿出了他的得意之作《採蓮曲》，交給了負責編輯的楊世恩，滿心以爲要排在詩的第一篇。但等到第三期《詩鐫》出來，自視甚高的他失望地發現僅排在第三位，排在第一位的是聞一多的《死水》，第二位的是饒孟侃的《擣衣曲》。當朱湘翻看到這一期的《詩鐫》時，積蓄已久的憤懣暴發了。他當即打電話給尙在報社的楊世恩。

還蒙在鼓裏的楊世恩拿起電話，聽到的是朱湘的痛罵：「楊世恩，枉和你做了這麼長時間的朋友，哪知道你也是個趨炎附勢的勢利小人！」

這事其實怪不得楊世恩。因爲這一期的主編是聞一多，稿件的安排順序是聞一多的主張。楊世恩試圖對朱湘進行解釋，但很快發現什麼解釋都無濟於事，處世率真的朱湘這次是真的生氣了，對高高在上的徐志摩，他說：「他徐志摩是個什麼東西！……別人拿他當人物，但嚇不了我朱湘！」

在罵完了之後，朱湘餘怒未消，又當即打電話給聞一多，宣佈自己恥與徐志摩這等小人爲伍，從現在開始，退出《詩鐫》的一切活動。

和《詩鐫》的決裂使朱湘一下子失去了好幾個喜歡詩歌的同道，也破壞了他的一些計畫，比如他本來準備在五六月份時舉行一次讀詩會，已經在《晨報副鐫》上發表了廣告，歡迎愛好文學的人們「來聽一個孱弱的聲音讀他音節上的試驗品」，這下也只能不了了之。

《詩鐫》風波之後，清華四子之間的不和諧也開始增多。清華四子中，只有楊世恩性格隨和，與人無爭，其他的三位，饒孟侃、孫大雨以及朱湘，性格都急躁暴烈，所以生活中本來就難免會發生一些不愉快的事，但大家畢竟有多少年的交情，爭執過後也就算了。《詩鐫》事件之後，大家對於朱湘冤枉楊世恩以及和《詩鐫》鬧翻的事，都很不以為然。另外大家對徐志摩的態度看法，以及對文學方面的很多看法都不盡相同，這樣一來，朱湘心緒更差，與饒孟侃、孫大雨都先後發生一些口角。過了不久，朱湘打聽得劉夢葦所住的北河沿騎河樓有住所待租，便很快搬了出去，和劉夢葦、蹇先艾等住在一起。

騎河樓住所不錯，房屋寬敞，租金也不貴。單這個名字朱湘也很喜歡：畢竟是帝王之都，北京的好多胡同名就像詞牌名一樣，寥寥兩三字，卻兼得意趣和含蓄。像騎河樓、龍頭井這些地名，拿來做詞牌名也不差。北河沿公寓本身也是一個很有意思的地方。沈從文後來在《記胡也頻》的散文裏，也饒有興趣地回憶過這個公寓的老闆。這個老闆和別的商人不一樣，也差不多算半個文化人。似乎本來他應當開一間書鋪，卻無意中開了一個公寓。他知道拜命的生卒年月，知道李白杜甫的籍貫，會說出《儒林外史》中哪個人物最中他的意。如果客人跟他談眼下比較熱門的「人生文學」之類，他也懂得這個名詞所含的意義。他在文學方面知識雖然不精深但很廣博雜亂，聊起來足以讓客人高興他也高興。對於熟悉的房客，他還會拉著到他房裏去，看他那些從各處搜集來的文人相片，如像苗兵的拜侖從軍相，像土匪的高爾基相，還有像猴子的，像花臉的，以及中國隱士裝扮曳杖而走的陶淵明，小生裝扮的李長吉。他和客人要好，並沒有什麼野心，而是出於對文化的喜愛。他願意和他那些來路各不一樣的未來文學家們成爲一樣的人。當然，文人往往是缺錢的，尤其現在暫時還沒有名氣，因此欠房租的事時有發生。每當這時，老闆會到那個人的房中去，坐下來，不待說話，房客也明白他來的目的是什麼，但有意同他談古今中外文學家的厄遇以及是怎樣遇到一個好心腸有慧眼的主人。老闆自然也明白故事的言下之意，心腸就軟了，不但不願意啓齒窘住客人，並且還會過意不去似的把飯菜特意做得豐富些。這已經成爲大家傳誦的趣話，因此許多文學青年也就趨之若騖，許多後來成名的文人，如沈從文、丁玲和她的丈夫胡也頻、張采真、焦菊隱、蹇先艾、于賡虞、王魯彥、顧千里、王三辛等，都在這裏逗留過。

更重要的是，在這兒他遇到了一幫從湖南來北京闖世界、同樣熱衷於文學的老鄉，如丁玲、沈從文、黎錦明、王三辛等人。由於有這樣的老闆和這麼多的老鄉，北河沿公寓一直是熱鬧的。儘管朱湘並不擅長社交，但和他們的交往也多少撫平了他與《詩鐫》決裂的憤怒。

羅念生和羅皚嵐不時地也到他這裏來玩，有的時候，朱湘會約上二羅和劉夢葦，有時也會拉上沈從文，大家一起到北海划船。劉夢葦的身體一直不好，愛情的事也很不順利：他這次從上海來到北京的原因在朋友圈子裏已經是公開的秘密——他深愛著的一個女孩子考到北京上大學，他毫不猶豫就跟著來了。但是，現在事情已經無疾而終，他沒能收穫自己的愛情。由於身體和感情的雙重打擊，他沒有以前開朗，一直鬱鬱寡歡。朱湘也很希望通過親近自然能使他心情愉快一些。在北海，他們往往能待上一整天。在水心划船，談人生、談感情、談藝術；晚上，他們就坐在北海的樹林裏，看月光籠罩著海水，看海水上泛著的點點紅光，朱湘緩慢地唱起英文的情歌，劉夢葦靜靜地傾聽。這是生命裏最輕盈也最沉重，最浪漫也最真實的時刻。

## 四、朋友之死

天氣一天天熱起來，清華快放暑假的時候，羅念生又一次來拜訪。這次他給朱湘帶來一個好消息：清華同意接受他復學，並於一年之後公費資助他赴美國留學。現在畢業的學生已經離校，學校宿舍很空，如果朱湘願意，可以搬到清華去住。

生活的河流永遠是一波未平，一波又起的。有時候，短暫的平歇只是因爲有更大的浪頭在後面。

僅僅隔了幾天，一次朱湘從清華到城內北河沿公寓找劉夢葦，一見面劉夢葦就對他說：

「你知道嗎？楊世恩已經去世了。」

朱湘大吃一驚，幾乎不敢相信自己的耳朵。他的眼中又浮現出那個待人寬厚、處事不驚的楊世恩。幾個月前爲《詩鐫》的事自己一度遷怒於他，後來才知道這事其實與楊世恩無關，自己心裏一直對他存著歉意，只是礙於面子，一直沒有肯再向他做解釋，後來《晨報詩鐫》快停刊的時候，楊世恩就去了上海。誰知道才隔了短短兩三個月，好端端的他竟然會因爲一場傷寒於七月棄世而去呢？自己永遠再沒有向他解釋的機會了。後悔與悲痛撕扯著朱湘的心，回去後，他做了一首《死之勝利——爲楊子惠作》。在詩中，他那樣沉痛地詰問死神：

死神，你的來意我已深知：
有一個詩人命喪於此時——
那年少翩翩你竟不憐惜；
他今天的死限不能改遲？
……

他的詩才已經開放花苞，
可以結成果了，再去陰曹——
……
固然，生並不美滿像天堂；
比起死之國來，它總遠強——
它有熱的陽光；溫暖的愛；
作對的鶯兒囀弄著笙簧
……」
死神回答說：
沒有詩篇不是充滿苦辛；
世間最多感的正是詩人。
與其到後來聽他詛咒你，
何不放他現在入了墳塋？

在詩中，他由楊世恩的去世想到了古代的詩人陸機、謝朓、杜甫、屈原、李白。沉痛地追悼了詩人的英年早逝。

但朱湘在作這首詩的時候，他說什麼也沒有想到：距楊世恩去世不過一個多月，劉夢葦竟也跟著去世了。

和楊世恩不同，劉夢葦的去世多少在大家的意料之中。這麼長時間以來，他一直有嚴重的肺病。去年冬天的時候，就已經發過一次，但救治好了。這半年來，由於戀愛失敗的打擊，他心情一直鬱悶，造成了病情的惡化。住院期間，朱湘經常從清華趕到劉夢葦所在的法國醫院去看他。劉夢葦沒有親人，輪流照料他的也是他在北平結交的幾個朋友，如龔業光、周容等。由於沒有錢，他住的是最便宜的房間，非常吵鬧。朱湘最後一次去看望劉夢葦是在臨終的前一天，劉夢葦已經處在半昏迷狀態。原先風度翩翩的少年已經被病折磨得不成人形，頭髮亂蓬蓬的，唇邊長了很長的鬍鬚，兩腮都瘦了下去，只剩一個很尖的下巴。看護婦悄悄地告訴朱湘：「已經三天沒有進食了，剛剛又吐了一次血塊，沒法救了。」朱湘在床邊坐下來，緊緊捏著劉夢葦的手，把自己帶來的祭子惠的詩給夢葦看。他想要讓夢葦知道，他替世恩做過的事，也會給夢葦做。但當夢葦顫抖的手接過詩稿後，朱湘又不忍心了，怕他太傷心不好。他溫和地想從夢葦手中把詩抽回，但夢葦的手緊緊地抓著，含著眼淚，孩子般霸道地說：「不，不，我要！」朱湘終於忍不住熱淚奪眶而出。

九月九日下午十一點多，年輕的詩人永遠地閉上了眼睛。朱湘接到這一噩耗，很快匆匆趕到，和劉夢葦的另幾個朋友，如焦菊隱、龔業光等一起，把劉夢葦安葬在北平城永定門外湖南公山。一切完成之後，他在夢葦的墳前待了很久，也想了很久。

夢葦重病時，一次自己去看望他，他說房間太吵，吵得他夜間都睡不著。他又指著他旁邊的一張空床，說昨天這張床上剛剛死去了一個福州人，他的妻子才三十歲，有一個很可愛的女兒。丈夫死了之後，妻子哭得九死一生，想撞牆尋短見，幸虧被人救了。就這樣，死者被抬了出去，旁人依舊工作，依舊說笑，而死者的一生，就這樣淡淡結束了。

夢葦臨終前是那樣的痛苦與失望！他是那樣的年輕，一定不想死。也許，如果能相信將來自己的詩終究會被社會所承認，這樣也許痛苦能夠減輕一點。但是，誰敢這樣說呢？希望他臨終時不要後悔選擇了作詩！——儘管作詩沒有給他帶來物質的財富，或者是愛！

他在這個世界上舉目無親——和自己一樣，精神上又是無底的絕望，惡臭和吵雜時時向他撲去，但他卻被縛在那裏，一毫也不能動，並且有肉體的痛苦，時時抽過四肢，逼榨出短促的呻吟，抽攣起臉部的肌肉：這是社會對夢葦這樣的詩人的酬報。那些高官名流如徐志摩等，自有汽車、大禮帽、槍炮、沙龍，以及一切別的大事業等著他們去做，他們怎麼會想到這樣平凡的瑣事呢！

死亡原來就是這樣簡單容易的事。一個一個年輕有爲的朋友去世了，沒有人爲他們同情。這個社會，自己這樣的生者能做些什麼呢？選擇自己的路，奮鬥吧，這是對朋友最好的懷念！

# 第五章　重返清華

## 一、艱苦生活

一九二六年八月末，北京已經進入了秋天，但白天天氣依舊炎熱。正是清華學校新學期開始的日子，從報到第一天一大早開始，學校裏面就顯得格外熱鬧。許多衣著光鮮口音不一的新學生，帶著大箱小包，由同樣興奮激動的家長陪同著，瞪著好奇的眼睛東張西望。離工字廳不遠的一塊空地上，停著好幾輛嶄新的小汽車，一看就知道來頭不小。

羅念生在食堂吃過早飯，稍微往工字廳那邊轉了一圈，便若有所思地回到宿舍。

「朱子沅究竟什麼時候到？」剛一進門，朋友陳瑞麟就跟進來迫不及待地問。他是特意來瞭解一下朱湘什麼時候到的。羅念生搖搖頭，說：「誰知道呢，子沅沒說。這些天他一直在忙著借錢湊學費，朋友劉夢葦又病重住院。反正他在城裏面，說來就來，他下午來或者明天來也說不定。」想了想，他笑著對陳瑞麟說：

「我告訴你一個小小的趣事，清華同意子沅復學的事是子潛親口告訴子沅的，你知道，其實子沅能復學這件事，子潛兄出力最大，是他找曹雲祥說情的，但因爲子沅正跟他鬧彆扭，怕子沅知道實情後面子上過不去，就沒有告訴他。」

「子潛前些天告訴我，那天他跟子沅說了同意復學的事，子沅當時『面無表情』。子沅當時的心情肯定很複雜，但又不好意思在子潛面前表露。」

上個學期中間，大約是四月份，羅念生有一次偶爾在荷花池邊碰到校長曹雲祥，曹雲祥跟他聊天，羅念生就不失時機地提到讓朱湘復學的事。當時曹雲祥就問羅念生：「朱湘果真有天才嗎？」羅念生連忙說：「絕頂聰明」。曹校長就笑著點點頭說：「那就讓他回來吧。」那個時候羅念生還不知道孫大雨也已經向校長求過情。

朱湘回清華的事，一幫朋友早在一年多前就開始幫他想辦法了。因爲朱湘一直堅持回清華的前提是學校要同意他赴美留學，學校裏需要商量，所以一直拖了下來。朱湘之所以同意返校，主要原因之一是生活所迫。從清華出來之後，自己成家立業，四處漂泊不定，深感生活之難。對自己而言，如果能在大學裏謀一教職，於授課之餘寫自己喜歡的詩歌，是非常理想的事。但要想做大學教授，一個好的文憑就像一身得體的衣服一樣必不可少。另外，根據清華的規定，每個留美學生每個月可以獲得官方八十美元的生活費，折合中國幣也就是一百六十元錢，這樣自己除了能更加深入地研究外國文學之外，只要凡事節省，還可以餘下一點錢寄回國內供家裏日常開支。當然，從研究西方文學的角度來說，出國可以輔助養成一種純粹「文學」的眼光；可以更好地運用比較的方法；可以找到本國文學之外其他高尚快樂的源泉的發源；當然，如果能到西方結交到一些熱誠而眼光遠大的從事文學者，結識一些蜚聲世界文壇的大家就更好了。如今朱湘終於如願以償，而且他們一幫朋友就可以朝夕在一起了，可以說是幾全其美，這也難怪羅念生高興。

羅念生正和陳瑞麟在宿舍裏聊天，忽然聽見管宿舍的楊先生在下面喊：「二樓的羅念生，有你的電話。」羅念生趕忙下樓，原來打電話的是朱湘。朱湘告訴他，他不準備來清華讀書了。實在是經濟緊張，本來《小說月報》鄭振鐸那邊說好這幾天先給他支付一些稿費的，但一直到今天都沒有一點動靜。現在他連到清華的車資都沒有。他準備到杭州教中學，已經聯繫好，月薪有六十元之多。

羅念生一聽有些急了：「子沅，能回到清華不容易。你也應該知道不能爲了眼前的困難影響一生的發展的道理，沒有錢還有我們一幫朋友嘛。這樣，你在哪裏，我現在就進城找你。」

羅念生立即趕到城裏，把手頭的錢都給了他。好勸歹勸，終於使朱湘回心轉意，返回了清華。

羅皚嵐暑假裏回了湖南，本來計畫開學前趕回來的，誰知道正好碰上北伐戰爭，仗一打起來，從湖南到北平的交通頓時陷於停頓，他被困在湖南回不來。這樣，羅念生那裏正好多一個空床，因此朱湘便和羅念生同住。這也是羅念生深入接觸瞭解朱湘的開始，他開始瞭解朱湘在堅強固執的外表下所深深隱藏的痛苦。這種痛苦既有辦《詩鐫》時和朋友決裂所留下的，有被生活和命運所逼迫而無可奈何的，有父母早喪、兄弟不和而獨自面對社會時的孤獨的，也有目睹最好朋友的去世的。

那些日子，朱湘經常枯坐在宿舍中間的長方桌旁，有時整天不說話。羅念生知道這是朱湘內心痛苦的體現，他總喜歡在房裏漫步，沉沉地思索。有一天晚上半夜醒來，羅念生還看見了朱湘在流淚，分明是哭，但他卻不招認。羅念生知道，朱湘是在哭朋友的死，好人不長久，禍害遺千年；哭他自己，自己太相信別人，相信社會。正因爲他對人世太熱烈，所以處處感到冷酷的失望。說社會險惡，還因爲朱湘回到清華不久，就告訴羅念生一件事，曹雲祥校長轉給他一封信，告訴他清華遲遲不接納他回校是因爲有人寫信說了很多他的壞話，清華對他的爲人遲遲不能認定，他們現在相信他的清白。朱湘這期間的兩首詩也許能表達自己內心的情感：

你可以尋遍天堂，
從日生的時候尋到日死：
還燃起白燭夜中去尋覓
你決不會尋到一種東西，
假君子！

你可以遊遍陰曹，
看火油的鍋裏千人慘死；
這些鬼魂，無論多麼叛逆，
他們總遠強似一種東西，
假君子！

《尋》

人聲擾攘，
不如這一兩聲狗叫汪汪——

至少它不會可親反殺，
想詛咒時卻滿口褒揚！
……　　《捫心》

朱湘在外人面前總是把內心的脆弱掩蓋得嚴嚴實實。有的時候，自傲本身就是一種僞裝。儘管內心充滿痛苦，但對文學、對詩歌的強烈愛好驅動著他，他回來所做的第一件事便是重振清華文學社。清華文學社本來一直都有一個領袖人才的，比如當初的聞一多、梁實秋，後來的朱湘，等到朱湘等人畢業之後，由於沒有一個才足以服衆的人物，影響力已經不比以前。朱湘這次回來，無疑爲清華文學社打了一針強心劑。在他的號召和建議之下，清華文學社也開始經常舉行讀詩會，他在某次開會時朗誦他自己的詩，他堅強的信仰——認爲新詩應當有格律，有音韻，可以誦讀——也隨之在清華傳播開來。也因爲他的鼓勵和努力，還出版了一本刊物，裏面寫稿的除了他之外，還有柳無忌、羅念生、李健吾、陳銓、陳林率等人，羅暟嵐雖然人在湖南，但也經常和他們寫信相應和，還不時把自己最近的小說作品寄過來。羅暟嵐一個人待在家裏實在無聊，但道路不通，也無可奈何。開過年來，家裏索性乘著這個機會，要他和一個他原先不大認識的女子完婚。羅暟嵐心裏有說不出的煩悶，寫信給朱湘。朱湘一方面現身說法，要羅皚嵐認識到舊式婚姻的危害，堅決不能同意，另一方面要他放寬心，多注意生活，體驗時世，爲將來寫小說積累素材。

寒暑易節，當季節進入深秋時，朱湘的心境逐漸好轉。他和羅念生兩個人有時間也經常出去轉轉。「窮」成了朱湘揮之不去的影子。有一次窮得沒有辦法的時候朱湘想起了屈原，於是便花了幾天的功夫寫了一篇《離騷》的考據文章，想在《清華學報》上換點口糧，但因爲不願意修改沒有發表。在學校吃飯朱湘是向廚房賒賬。這些帳一直到畢業之後才由羅念生擔保付清。爲了節省，朱湘一天三頓全是吃饅頭，偶爾有點好菜才吃米飯。整整一年，他只和羅念生一起下過一次館子，就是到清華前門外吃「餡兒餅周」，這家鋪子有餅有粥，味道鮮美，這是朱湘吃得最開心的一次。

羅念生也不富裕，但兩個人依舊以苦爲樂。有時候會拿幾件破衣服去換栗子，兩人跑到西園，一邊吃一邊談詩。有的時候兩個人在校園裏散步，朱湘便經常談論新詩的寫作，並一如既往地勸羅念生寫點東西。羅念生總是不想動筆。爲了讓朱湘開心，他便有意和朱湘聊些四川家鄉的風土人情，以及他小時候釣魚打獵的生活。朱湘聽得很入神，聽完了之後便感慨著對羅念生說：「念生，這些內容不能寫成詩，但記下來稍加修飾就是一篇很好的散文啊。」羅念生認爲散文不是最高的表現，朱湘則認爲，好的散文並不亞於好的詩。在他的鼓勵下，羅念生果然寫了一篇《芙蓉城》，朱湘看了過後讚不絕口，後來在清華校刊發表了，還被林語堂命名爲「特寫」。

這一年的課程對朱湘而言是輕鬆的。上英文課時，教師史密斯先生讓每個學生作篇英文作文，朱湘將他的得意之作《咬菜根》當堂譯成英文交卷，史密斯先生讚不絕口，給了他一個「E（優秀）」加花，叫他不必上課了。教授外國文學的樓光來先生早就知道這個清華棄生的才華與博學，他叫朱湘不必上他的「莎士比亞」這門課了，大考時來考一下就行。朱湘來往較多的倒是不教他功課的國文教授王啓湘，王啓湘是湖南長沙人，和朱湘算是老鄉。朱湘經常會到他家裏，向他請教一些有關古詩詞的問題。王啓湘很快發現這個學生國文功底非常扎實，尤其對古詩和元曲較有研究。同時，他極爲自信。說是請教，其實不如說是探討，因爲他對許多方面都有自已的思考，要他改變已有的看法不是一件容易的事，但只要你有事實和理由說服他，他口雖不言，心裏仍是認輸的。王啓湘也是個凡事非要爭個是非曲直的脾氣，兩個人經常爭得面紅耳赤。王啓湘非常欣賞朱湘，儘管他從來不看白話詩，還是和朱湘成了忘年交。

朱湘的插班對同級及低幾級的文學愛好者來說是個難得的好消息。想當年，這位學長沒有退學時，就已經「詩名滿清華」了；這幾年來，又出版了詩集《夏天》，加入了文學研究會，還剛剛在徐志摩主編的《晨報副鐫》上擔任《詩鐫》的編輯，已經儼然有大家風範。這次回到清華插班，自然大有機會從容請益。比如這次和他同級的柳無忌，也頗有才氣，是著名的南社詩人柳亞子的公子，由於喜歡文學，這一年剛從化學專業轉到文學，和朱湘同班。朱湘一回來，他便和朱湘認識了，兩人很快成了好朋友。

寒假放假時，朱湘因爲掛念著妻子和出世不久的孩子，考慮著要回家鄉一趟，他叫羅念生把寄給他的信給轉到他湖南老家去。但在城裏，他得知正値戰亂時期，到處都有遊兵散勇爲非作歹，南上湖南的路上不安全；同時更重要的是，自己一直在籌畫的刊物《新文》要在這個寒假發行，這可是他一直期望的事。因此，猶豫再三，他還是沒有回去。在北平等了兩天，又校對了一下《新文》中所有的稿子後，他還是回到清華和羅念生做伴。

## 二、夫妻團圓

這年冬天北平格外寒冷，清華也因爲許多學生的回家而顯得更加冷清。臨近陰曆春節的一天夜裏，北平一帶突然下起了難得一見的大雪，大雪到第二天上午才停。朱湘和羅念生閒來無事，便結伴去逛頤和園。偌大一個好去處，就只有他們兩個人。兩個人一邊欣賞這冰天雪地、玉樹瓊枝的美景，一邊興致勃勃地尋章摘句，簡單的生活也充滿了樂趣。

回來後不久，兩人正在看書，樓下突然有朱湘的電話。朱湘出去了半晌，回來時他滿臉興奮，一進門就大聲嚷嚷：「咳，念生，你真想不到，采雲居然來看我啦。」

羅念生不知道采雲是誰，便笑著問：「是你的什麼相好啊？我居然一直不知道！」

「咳，瞎猜什麼呢，采雲就是我妻子呀。」

「原來是嫂子，真的？從湖南趕過來的？那你怎麼不現在就進城去看看呀？」

「我手頭的這本德文小說還沒有看完，」朱湘看看書，猶豫了一下，「老實說，也沒錢坐車，想走著去吧又沒有吃飯，沒有勁兒。算了，還是明天吧。明天反正你也沒什麼事兒，我們一塊兒走吧。」

第二天又下起了大雪，兩個人進了城裏找到采雲所住的旅館時已經是晚上。這是羅念生第一次見到采雲，采雲長得本來很漂亮，今天又特意穿戴一新，可能由於激動的原故，臉上泛著紅潤，就像個新娘子。她已經把房間打扮得煥然一新，窗子上罩上了粉紅色的貼花，還不知道從哪兒弄來了幾枝臘梅，房間裏溫暖如春，浮動著梅花的暗香，幾乎讓羅念生錯覺是踏進了洞房。

朱湘替兩人做了介紹，介紹羅念生的時候，采雲倒很大方，笑著說：「我早就聽說你了。」朱湘自從見到采雲之後似乎有說不出的高興，這時候只顧瞇著眼睛一個勁兒地笑。羅念生想起朱湘平時談起他的家就要對舊式婚姻尤其是指腹爲婚的危害大發感慨，不禁好笑，乘著采雲去倒開水，便有意問朱湘，指腹爲婚的婚姻現在感覺怎麼樣。朱湘老實地說：「如今瞭解了。」

采雲顯然很能幹，像一隻蝴蝶一樣輕快地忙來忙去，很快張羅好了晚飯，三個人一起坐下來吃飯。采雲打開她的話匣子，用帶著湖南口音的國語訴說她怎樣隻身北上，怎樣轉車，怎樣在火車上同拿槍的大兵搶位子，第一次在火車上過夜又是怎樣的怕。一旁的朱湘聽得後害怕不已，羅念生也不禁對這位勇敢的嫂子刮目相看。

吃完飯，采雲給兩人泡了茶，便靠著朱湘身旁坐下。女性身上特有的一種溫暖柔和的氣息直撲到朱湘臉上。朱湘心中有說不出的癢癢，說話的當兒，便情不自禁地偷偷捉住采雲的手，一緊一鬆地揉捏著。采雲羞怯怯的，可能是因爲有生人在場吧。但手掙了一下沒有掙脫，也就不再掙了。

光棍一個的羅念生看得暗暗羨慕。時間已經不早，人家琴瑟和諧，又是久別重逢，有一肚子的體己話要講，自己不宜久留，便告辭了，當晚就借宿在城裏的一個同學家。

接下來的一個月也許是朱湘有生以來最爲幸福的一個月。寒假裏本來就沒有功課；采雲隨身帶來了一點錢，加上以前的幾筆稿費正好匯到，兩個人經濟方面的壓力又稍微小了一點。

小夫妻倆就在北平城裏過了一個團圓的春節。天氣好的時候，他們一起到北海去划船，或者去逛北平的名勝，有一次，他們甚至還夫妻雙雙突然出現在羅念生的宿舍裏。原來朱湘帶著她過來看清華校景，順便拉著羅念生一起去頤和園看看。羅念生看著老朋友夫婦雙飛雙宿，朱湘也一掃往日的沈鬱，臉色較以前有了明顯的好轉，也暗暗爲他高興。

羅念生有的時候也到他們夫妻倆在城裏的小家去。這時采雲和他也已經很熟。有一次兩人單獨在一起的時候，采雲告訴羅念生，她這次來北平還應該感謝他。原來，放假之初，羅念生依朱湘之言，替朱湘辦好了把信轉回他湖南老家的手續，誰知轉回去的這些信中，正好有一封不知是哪位女士寫給朱湘的表達自己愛慕之情的信。采雲本來就對自己頗有才氣的如意郎君遠在北平不大放心，看到這封信，心更是懸到了嗓子眼上，彷彿看到了埋在他們夫妻中間的定時炸彈，加上朱湘本來說要回來最終還是留在了北平，更增加了她的疑惑，所以她不顧一切，把孩子托給別人，就一個人闖來了。

後來羅念生偷偷問朱湘是哪位小姐給他寫的情書，朱湘大叫冤枉，說已經被采雲拷問過若干遍了，天地良心，他實在不知道哪位小姐會給他寄這封信。羅念生知道朱湘性格，看來他真的不知道這回事，也是，如果知道就不會放心地讓他把信給轉到老家去了。

## 三、自辦《新文》

這段時間，朱湘整個人都處於一種亢奮狀態中，除了采雲的千里探親夫妻團聚之外，還有另外一個原因。一九二七年一月，也就是采雲來的那陣兒，他籌畫已久的自辦刊物《新文》終於發行了。爲了這個刊物，他把自己這一段時期以來所有零零星星的稿費所得，以及設法從朋友那裏借來的錢都賠了上去。發行處是東安市場一家舊書鋪。《新文》只刊登他自己的詩文，採用他別出心裁的標點符號：黑點與白圈。資金全部由自己掏腰包，發行的錢書鋪可以得一點提成，剩下的歸自己。第一期《新文》剛印刷出來的時候，朱湘久久地凝視著眼前的幾大捆書。書已經打開，散發著好聞的油墨香。儘管因爲手頭錢不多，印刷得不是很滿意，但從內容到設計，什麼都是自己出的主意，那股滋味真是，就像沅兒出生時那樣，說不出的鑽心。創作的快樂有兩個，創作時的，創作後的，創作時好像探險一般，時常看見意想不到的佳境，湧呈於心目之前。創作後好像母親對著新生兒凝視，詳細端詳他四肢的調和，膚色的紅潤，目光的閃動，聲音的回轉。《新文》能給予自己這樣的享受。

每隔幾天他都會到書鋪查看訂閱情況。訂閱《新文》的人並不多，只有二十人，但遍及全國各地，包括了九個省的人。有一次甚至還有一個年輕人以爲這是一份接受投稿的雜誌，寄來了一篇描寫自己愛情史的稿件，讓朱湘大笑不止。但是，訂閱的人畢竟太少了，而且訂閱費又低，從經濟上核算，這意味著他自己每期要賠十多塊錢。這是一筆不小的支出，但朱湘還是很樂觀，這最初的二十幾個讀者很給了他鼓舞和自信，他已經決定靠賣文章來維持生活，包括創作、翻譯、編書；發行可以採用直接訂購的方法，在較好的報紙雜誌上自己署名登廣告。他甚至對羅念生細細描述自己對未來的規劃：「將來一定可以一年年的增加，五年之後，想必五百份總可銷得去。再加五年，便可完全以著作編譯謀生了。我身受文人之厄難，將來年壯之時手頭寬裕，一定要開一書屋（文同書屋），拿重價收買稿集（好的，不是好銷的），覓妥人經理，凡托書屋代賣的書籍都要先經過我的選擇。我五年留學回國後免不了要教點書以貼補賣文的所得，但至各書銷行到千份時，便每禮拜最多只作四時的演講。這便是我的計畫。雖然實行時在枝節上免不了有點遷就，但大體仍然不變。」羅念生暗笑朱湘的迂闊：世事難料，辦成一件事情何其艱難，哪能這麼順利。但他知道朱湘的詩人脾氣，朱湘一直信奉「嚼得菜根，百事可成」。因此也不忍打破他的幻想，只得由他說去。

《新文》最終只出了兩期。三、四、五各期的稿子本也都已經準備好，萬事俱備，只欠金錢。朱湘已經把自己翻譯的《英國近代短篇小說集》寄給北新書局，準備稿費一旦匯到就立即出版，但稿費遲遲不來，而臨近暑假，放洋留學的事已經近在眉睫，許多事情等著他去做，而且不得不再花錢添置一些東西，《新文》只能就此中止。

但朱湘的情緒並未收到太大的影響，這時的他自信而且樂觀。三年到五年的留學時間能決定許多事，咬得菜根，百事可成，利用留學的時間攢一點稿子，加上現在已經在搞的幾個集子，像西詩譯集《若木葉集》，散文集《中書集》等也不預備發表了，再努力省一點錢，那時回來不止是辦一份雜誌的問題，完全可以辦一個自己的書店，也省得受那些書商的閒氣，《新文》以後未必不可以再繼續搞下去。

## 四、留美前夕

留學的時間終於來了。

五月份，隨著春季的結束夏季的來臨，清華校園裏就悄悄浮動著一股躁動不安的空氣。每年的這個時候，都是又一屆畢業生「熬」出了頭，查閱歷來成績、互相打聽有關美國高校資訊、填報學校、寄信候信，等著學校保送留學名單公佈的日子。

一九二七年，正是清華從留美預備學校發展成爲正式大學的過渡時期。清華於一九二五年已經開始改爲四年大學制並設立國學研究生院，新招的學生一概進入大學一年級學習。有關留美的制度即將進行改革，但原來舊制畢業生仍有全體留美五年的機會。

清華學校的舊制情形是這樣，清華學校分中等科四年，高等科三年，大學一年，一般而言，要讀八年才能畢業。但也有時間更長的，比如聞一多入學是從中等科一年級學起，理應讀八年，但他第一年因爲沒有英語基礎而留級一年，和潘光旦、羅隆基、吳澤霖等人同級，最後一年又因爲率眾抵制學校而又推遲一年留洋，因此共待了近十年。而朱湘則由於學習優異，從中等科四年級學起，因此只需要學四年。按照慣例，清華舊制畢業生進美國一流大學，耶魯和哈佛，只能插入三年級；一般好的州立大學，如密西根、伊利諾斯、威斯康辛(芝加哥不是州立，但也如此)，可以進三年級；但是較小的大學，如勞倫斯，可以讀四年級，進去後一年即可畢業。此後，如成績良好，照樣可以申請入耶魯和哈佛研究生院，最快的可能三年內讀完博士學位，還可以有一年時間享受官費去歐洲讀書及旅行。選擇小的學校除了能提前畢業外還有一個好處，就是中國學生較少，因而有更多的機會接觸美國的同學與教授，體驗美國大學生活。正是由於上述原因，朱湘和柳無忌相約都選擇了勞倫斯大學。這一年畢業的學生中，只有他們兩人選擇了學文學。

接下來便是一陣忙亂了：畢業的各種手續、留學的各種手續、添置皮箱衣物日常用品，……，每一樣都必不可少。跑腿的忙亂還好辦，最讓人頭疼的還是經濟問題。也許很難在清華學校裏找到第二個像朱湘這樣貧困的學生了：畢業之前必須先還清欠學校齋務處的飯錢，大約需要五十元，由於實在籌不出這筆錢，只好先由羅念生做擔保，學校才同意辦了畢業手續；往來美國的信件、一些必要的手續費同樣必不可少；像樣的衣物當然也要做一兩套，畢竟出國不比國內，代表著中國留學生的形象，何況如果到美國再做衣服，花費肯定更貴。他們把蜜月裏買的金戒指送進了當鋪，又想辦法借了一點，羅念生更是傾其所有，把身邊的錢全給了他倆，這才勉強救了急。

七月中旬，他們夫妻倆一同前往上海，采雲從那裏再轉回湖南老家。這一別少說三年五載，尤其朱湘想到采雲要獨自撫養兩個尚在繈褓的孩子，想到過去種種，更是對采雲充滿了歉意。夫妻倆平時的一些齟齬煙消雲散，臨別有說不盡的情話與纏綿。

船要隔幾天才到，朱湘寄宿在上海青年會，這是清華特意爲留學生放洋準備的落腳點。爲了省錢，朱湘住的是最便宜的一間。在這裏，除了打點行李之外，還有一件事就是順便到上海開明書店，晤見編輯趙景深，商談一下自己即將發行的《草莽集》的版式和排法。

趙景深長朱湘兩歲，他早從鄭振鐸那裏瞭解了朱湘的有關情況。他之前已經看過朱湘的《夏天》，並沒有十分重視，但當他看了《草莽集》的初稿後，對朱湘不禁刮目相看了。他看出裏面的一些詩，像《熱情》、《眼珠》兩首，才氣縱橫，熱情四溢，足以使這位尚未謀面的詩人列入當代著名詩人之列而無愧色。因此，得見朱湘，他非常高興。兩人聊起天，朱湘才得知趙景深是四川人，說起來和湖南也有點關係，他曾經在湖南第一師範任過教。而且當年朱湘在上海大學任教時，趙景深正好也在上海大學，只是不在同一個系，兩人沒有接觸過罷了。另外，兩人都是文學研究會的同道，而且入會的號碼離得也不遠，趙景深入會在二三年秋天，是八十一號，而朱湘稍微晚一點，是在趙景深入會的次年，號碼是九十號。兩人越談越投緣，真有恨晚之意。趙景深談起朱湘的《採蓮曲》和《棹歌》等詩歌，忍不住感慨：「像這樣優美的詩，我還不曾看見第二個人作過。之前的詩人中，劉大白算是善用疊句的了，但就憑這兩首看，他比你也有所不及呀。」

談到《草莽集》的裝幀問題，朱湘態度是很明確的，要求也很具體。他向趙景深詳細談了他的構想：封面不寫字，只有一個人在水裏游泳的圖案，只許書背脊有字。每面上下都有圖案畫，必須直排加空嵌。另外還新定出幾種雅潔的標點，他鄭重地要求盡可能不要更改他的設計。趙景深之前很少遇到這樣認真的詩人，所幸早從鄭振鐸那裏知道朱湘的固執脾氣，心中也暗暗佩服他對待詩歌的這種一絲不苟的態度。他答應朱湘儘量滿足他的要求，如果到時候有什麼變化肯定函告。隔了幾天，趙景深還專門來到朱湘在青年會的住所，隨身帶來了他的一本詩集《荷花》的底稿，請朱湘修改，朱湘替趙景深斟酌字句，幾乎每一首都一絲不苟地發表了自己的看法，這種態度更讓趙景深感動。

臨上船的前一天，羅皚嵐意外地出現在朱湘的宿舍裏。這是一間簡陋的大房間，五六個人合住，只提供床和桌子。房間很零亂，桌上放著幾片乾麵包和一些罐頭果子醬，箱子和衣服隨意放在角落裏，一些準備隨身攜帶的書籍還沒收拾好，就放在床上。朱湘剛從街上買東西回來，由於連日的忙碌，人顯得更爲憔悴。他見到羅皚嵐很是高興，一邊把床上的書挪開一塊空地讓他坐，一邊連聲打招呼：「我擔心來不及見到你呢！路上還順利吧？做新郎官的感覺好吧？我看你還是原來那麼胖嘛。屋子裏真是太亂了！這段時間又要打發太太回湖南老家，又要置辦出洋的一切，真忙昏了頭。」

羅皚嵐笑了，說：「一言難盡。我收到你六日寄給我的信，知道還有一個星期左右你就要從上海走，我正好要回北平，心想正好能遇上，也來不及寫信，就趕緊來了。好歹還是讓我趕上了。子沅兄，這一別可就是好幾年哪！」

兩人互相談了談各自這一年來的情況，朱湘免不了要拿他的結婚爲話題開開玩笑，然後又談了一陣子羅皚嵐這一年間新寫的小說集《東鎭》，話題漸漸轉到上海文藝界近況。朱湘突然想起一件事，他說：「你知道這個月初胡適徐志摩他們在上海辦新月書店的事吧？報紙上宣傳得鬧哄哄的。一多、饒孟侃、余上沅他們還是跟徐在一起，他們都出錢成了股東。我想再等幾年我們有了資金，完全可以辦一個同樣的書店，和他們競爭，不一定比他們的差呢。」

羅皚嵐對新月書店的事本已有所耳聞，但礙于朱湘和徐志摩之間的過節，所以也不便提這件事，既然朱湘現在主動提起，他也認爲朱湘的看法頗有道理。這時他注意到桌上的一本中文版的《安徒生童話集》，便饒有興趣地拿起來翻閱，並問朱湘：「這個翻譯者趙景深是誰？」朱湘便把他和趙景深見面的情形詳細地講了，末了略帶惋惜地說：「景深爲人很好，現在開明書店主持編輯，與上海出版界頗有點聯繫呢。可惜沒有時間了，要不然我可以同你去和他談談，以後也許會對你有所幫助。」

兩人談了大約有一個時辰，羅皚嵐看著朱湘有很多事要忙，自己也要聯繫去北平的車次，便告辭了。朱湘一直把羅皚嵐送上電車，兩人才依依不捨地揮手告別。

第二天一早，柳無忌來和朱湘會合，兩人一起登上了去美國的海輪。在汽笛長鳴，海輪緩緩離岸的當兒，兩個人不約而同擠到甲板上，上海那些打著殖民者烙印的歐美建築在視野中緩緩退去，那些送行的人群和忙碌的挑夫一點點變小，最後消失。眼前只剩下渾濁的江水，互相推擠著，嗚咽著，像生活苦難的淚水。兩個人不知不覺都熱淚盈眶了。

# 第六章　留美辛酸㈠

## 一、勞校生涯

旅途是輕鬆的。在大海上航行的經歷是第一次。白天的陽光特別強烈，到了傍晚，站在甲板上，迎著迎面吹來的腥鹹的海風，放眼望去，是一望無垠的蔚藍，足以讓人震撼於大自然的偉大與自身的渺小。有的時候，遠處的海面會有魚突然躍出，足足有幾丈高，在空中飛行幾十丈遠後再落入海中，在空中劃出了一道美麗的弧線，迎著傍晚的陽光，甚至還可以清晰地看到那魚的翅膀。有時也會隨著大家的驚呼聲看到大海裏一個巨大的魚陣。但所有這些都不能使他減輕對家的牽掛：釆雲要找房子住下來，女兒小東也最好要找奶媽，……反正有的是時間，他還給釆雲想了個新名字叫霓君；又給小沅取了個正名叫海士，號伯智，因爲小沅是在上海懷上的，取意爲上海出生的讀書人，「智者樂水」的意思；給女兒小東取名叫雪，號燕支，因爲小東是在北平見到雪時懷的，燕支是北方的一座山的名字。他把所有這些都寫進信裏。船在檀香山停了一天時，在那裏他還看到了雞一樣大的海蝦，還有許多從來沒有見過的魚：有的圓得像桃子，有的嘴長得像豬，有的魚皮像金錢豹，有的是透明的甚至可以看見內臟。他把這些也都寫進信裏，又買了一些風景明信片，一起給妻子寄回去。

初到美國的印象也不錯。勞倫斯大學位於威斯康辛州北部的蘋果里鎮，這是一個小鎮，的確像他們之前所設想的一樣，這裏除了一個洗衣鋪有中國夥計外，幾乎沒有一個中國人。到了之後，他和柳無忌在靠近學校的 509 N. Lawe St. 合租了一間民房。屋舍簡樸，卻整齊清潔，房間寬大適用，光線充足。臨窗有一長方書桌，朱湘的椅子對著窗，無忌的在左側。房東是個工人，很和氣。唯一的問題是房間只提供一張大床，兩人同床而臥，兩人有時偶爾聊到國外同性同床一般會被誤認爲是同性戀者，不由相對大笑。

在勞倫斯大學兩人都是插入四年級，朱湘選讀一年級拉丁文、古英文和三年級法文，另外還有浪漫運動，丁尼生共五種課，柳無忌則是選的一年級的拉丁文，二年級的法文與英國浪漫詩人，另外還有英國戲劇與德國古典文學。課程多，上課也很緊張。朱湘每週要上十七個小時的課程，除此之外每天到晚就是看書，平均每天讀書八小時。另外每天晚上他還要用一到兩個鐘頭翻譯。到了勞校才幾個月，他就翻譯了 Coleridge 的《Ancient Mariner》、

Wordsworth 的《Michael》、Keats(濟慈)的《Eve of St. Agnes》、Arnold 的《Sohrab and Rustum》四首英國十九世紀時代有名的長篇敍事詩，以及丁尼生的《伊諾克·阿登》等。朱湘翻譯這些詩時很少用字典，只有遇到有疑難的地方才借柳無忌的字典，但次數並不多。他翻譯時不打草稿，總是先把全段的詩意熟讀了，然後反覆思考，在心中大致斟酌好，感到確實已經把握了原詩的內核，然後再一氣呵成，寫成他的定稿。和他的爲人一樣，他的翻譯是非常認真謹嚴的。這讓同住的柳無忌暗自佩服，兩人說起對翻譯的看法，朱湘說，濟慈說過，每行詩內要字字藏金，這應該成爲翻譯家的格言啊。

這段時間朱湘基本上不大寫詩。在他看來，目前既然沐浴在真正的外國的學術空氣中，就應當致力於外國作品的介紹與翻譯。但他很鼓勵同住的柳無忌寫詩。柳無忌在國內時就很想向朱湘討教，但兩人並不住在一起，深入探討的機會不多，現在正好有了足夠的時間。在朱湘的指導下，柳無忌開始覺悟到詩的形式與格律的重要性，也認識到從前喜歡用華麗的詞藻的不足，開始有意識地試作清新的句子。

早在來美國的船上，朱湘和柳無忌就規劃了積攢一點錢，畢業之後開辦自己的書店的計畫。爲了省錢，在勞倫斯大學朱湘和柳無忌從來沒有出去遊玩過。在宿舍裏，兩人都把時間用在看書上，大多數時間是沈默的。他和柳無忌唯一的消遣，也是共同的愛好就是在不過數十方尺的屋內踱方步，有的時候也偶爾進行英詩背誦比賽，這時候氣氛會活躍一點。偶爾兩人談起少年讀書的經歷，還發現大家還有一個共同愛好就是當年對福爾摩斯探案和舊時公案小說的迷戀，睡在床上時互相回憶一些書裏書外的片斷，高興之時不由開懷大笑。除此之外，真正輕鬆的聊天一般只有在一道出去吃飯時才有。同樣是爲了省錢，這段時間他們每天只吃兩頓，都定在一個希臘人開的小食鋪裏，早餐是一杯咖啡兩個油炸小甜餅，晚飯則是夾有一點葷的蔬菜，兩頓一共限定八毛錢。這樣，再除去每月一共二十元的房租費，每個月兩個人都可以餘下一點錢來。錢的主要開銷是買書。他們經常買的是人人文庫和現代文庫，這兩種書相對比較便宜，每本不到一元錢。對於朱湘來說，每到下個月初領了生活費，便可以高高興興地寄二三十美元給霓君補貼家用，其實實在省不出辦書店的錢。

## 二、留美之怒(一)

一個學期很快就過去了，假期裏朱湘和柳無忌照樣沒有出去遊玩，依舊每天興致勃勃地進行著他們的讀書和省錢計畫。但隨著在美國生活的時間長了，最初的新鮮感褪去，一些不快也慢慢來了。第二學期剛開學不久，就發生了一件不小的事件。

一天，柳無忌和朱湘一起從學校回來，一路上朱湘拉長著臉，陰沈沈的，一語不發。剛到家，他就爆炸了：「我要退學！」柳無忌大吃一驚，問他原因，朱湘才告訴他那天在學校的經過。原來，在法文班上，教師要學生念法國作家杜德的小說，這位著名的法國小說家以局外人的悠閒寫他眼中的中國平民：

那遙遠而湛藍的天空，那飛瀑急瀉的泉水，那啼叫婉轉的鶯鳥……難道這是中國的土地？然而，這確實是在中國，而且曾是清朝皇帝逃遁的避難所……這時，從山道上走來幾位身材矮小、渾身泥土的中國山民，他們衣衫襤褸，瘦弱不堪，與這優美的叢林，是那樣的不和諧，他們就像幾隻骯髒的覓食的猴子

學生讀到這裏時，一邊讀一邊調皮地做著鬼臉。全班的學生見此情景，不禁哄堂大笑。在笑聲中，朱湘一下子滿面通紅，他不能忍受這種侮辱：這不是他個人而是全體中國人的恥辱，他當即站起來，頭也不回走出了課堂。

柳無忌很能理解朱湘的心情。和朱湘同學了這麼長時間，他知道朱湘在看似沈默文靜的外表下一顆灼熱的愛國之心。他想起上學期快結束的時候就發生過的一件事。那次，紐約戲劇協會演員來蘋果里演出《銀索》一劇，由於機會難得，儘管票價要一元半錢，幾乎相當於他們兩天的伙食，對他們而言並不便宜，兩人還是買了票一起去了。正式演出前，按照慣例劇院先把劇本發給觀眾熟悉臺詞和內容。他和朱湘興致勃勃地瀏覽劇本，兩人很快就注意到

劇本裏有一段內容正好與中國人有關，是譏諷華人吸食鴉片的。朱湘當時也是一下子怒不可遏，氣憤得把戲票撕了，當即拂袖而去。

行事較爲沉穩的柳無忌再三勸說朱湘：「現在這個時代，國力貧弱，中國人到哪裏都受欺負。爲了這點小事放棄了半年之後就可以得到的文憑和學位，不值得。在勞倫斯再忍耐兩個多月，就可以畢業了；相反，你到芝加哥從三年級重新讀起，至少要有六個學季才能讀完大學。何況兩個人在一起，相互還可以有個照應，也不孤單。」但朱湘去意已定，柳無忌也知道自己的說服在這個氣憤中的朋友面前是蒼白無力的：朱湘是不會過多地去考慮個人的利害得失的，想當年在淸華，他寧願放棄辛苦了四年即將到手的放洋機會，寧願退學也不和學校妥協，何況現在。即便是他在淸華復學後，也差一點鬧了退學。當時柳無忌已經改學文學，和朱湘同班。由於缺高年級的英文教員，淸華曾經想聘請徐志摩的朋友、現代評論的陳西瀅。朱湘知道後當時就放出風聲說：「陳西瀅算什麼，我教他倒差不多！他來教我，我就退學」。由於朱湘在學生中有較高的威信，後來陳西瀅來上課的事就這樣不了了之，朱湘才沒有退學。

這一次，儘管事後那位犯下無心之過的法文教員也親自到他們宿舍來表達過歉意並表示挽留，但朱湘去意已決。在一番通信接洽之後，他決定立即去芝加哥大學，參加那裏的春季課程學習。

耶誕節剛過，街上的店鋪門口的聖誕樹和紅氣球還沒有撤下去，朱湘接到了芝加哥大學同意接受的函件，當即便收拾東西，準備上路了。他的行李並不多，總共才兩件——其中大部分是書。當天下午，蘋果里下起了鵝毛大雪，柳無忌和朱湘依依惜別，他看著朱湘叫住一輛黃色計程車，再一次瀟灑地向自己揮揮手，然後消失在自己的視線之中。

## 三、芝大生活

一個星期天的早晨，沒有課。漱洗過後，朱湘拿威廉·阿徹爾的《舊劇和新劇》看了一會。這的確是一本好書，阿徹爾認為伊利莎白時代的戲劇雖然偶有佳處，但大體講來，都是野蠻時代的作品，一百多年來許多人對那個時代戲劇的仰慕其實是盲目的。為了證明他的觀點，他在書中舉了許多當時的代表作，詳細加以分析，精彩之處讓朱湘興趣盎然。這一學期，他選了高級班的德文課程，英國文學方面選了英國早期戲劇和十九世紀小說，本來還選了古希臘文，但身體實在吃不消，最近已經放棄了。開學初他的精力主要放在研究世界各國的詩歌上，後來由於選課的原因，慢慢對英國近代戲劇非常感興趣。他在心裏大略計算了一下，這二十五天以來，自己已經看了十八個劇本、兩本近代戲劇史了。

該死的頭和眼睛又開始疼了，自己的身體總是很弱，這是從小落下的毛病。朱湘歎了一口氣，把書擱下，從抽屜裏小心地拿出茶罐，泡了一杯茶——這是霓君才從家裏寄來的，好長時間沒有喝到這樣好的中國茶了，外國人的茶又是加奶又是加糖的，總把味道弄得怪怪的，哪有中國的好。芝加哥大學有九千名學生，名氣比勞倫斯大學大，要求也高。因爲自己在勞倫斯大學沒有成績，搬到芝加哥以後，按照清華的成績，他被安排在三年級插班學習，這意味著自己要遲一年才能拿到本科學位。無忌說自己負氣出走，便宜了洋人，自己白白讀了一個學期，有點不值得；記得之前念生也說過自己壞在脾氣太急，事實固然如此，但自己本是率性而爲之人，屈意求全反倒不是自己了。

朱湘站起身，抱著茶杯走到窗前。芝加哥的天永遠像一張睡眠不足的臉，即便是早春季節也是如此，從半空中的厚雲到地上的建築，到處灰濛濛的，偶爾能看到一兩棵樹木，也光著枝椏，很是淒慘。這是一座擁有龐大的重工業群的城市，在市區的街道上，火車、電車、汽車、貨車永遠緊張地運轉，奏著機器工業的交響樂；而在遠離市區的這裏，空氣中依舊瀰漫著煤灰，房屋甚至被長期的煤煙熏成了黑色。

這是他來芝加哥之後找到的第二處地方。儘管爲了省錢，他租的是最便宜的房間，但也要花去每月二十美金的生活費。房間朝北，好在芝加哥的冬天有陽光的日子本來也不多，何況每個房間暖氣也足。臨街的二層樓，推開窗子就可以看到不遠處的一所灰色的房子，那是學校的建築。房子前面是一塊空地基，上面雜亂地堆著些陳舊的木板。窗下的街道很少有人走，幾乎是死一般寂靜，這在中國幾乎是不可想像的。半晌，一對年輕的父母映入眼簾，穿著很樸素，一看可知是工人階級，他們手拉著手，年輕的太太手裏挽著一個三四歲的男孩子，丈夫胸前還像袋鼠一樣用背兜背著一個。他們從窗下不緊不慢地經過，還低聲交談著什麼。朱湘看著那對夫妻的背景，不禁想起了又黃又瘦的妻子，想起了小沅和尚在繈褓之中的小東，心裏忽然有種說不出的心酸和羨慕：自己說起來好聽，是一個留學生，可是想像這一對工人夫妻一樣享家庭之樂都不能夠。只要在中國能夠活命，自己又何苦拋棄妻子，來到這國外的活牢籠，受外國人的氣呢。

霓君身上幾乎沒有錢，出國那陣子已經借了不少，前不久自己托景深把他們去年夏天在上海當掉的結婚戒指贖了回來，這贖當的錢也還是讓霓君寄去的。另外還要挪來挪去到處搬家，這段時間帶著兩個孩子寄住在妹妹家，她家畢竟也是一大家人，終不是長久之計。國內正月剛過，萬家團圓，她卻寄人簷下，獨守空房，也難怪她經常寫信來訴苦。自己這邊因爲年初轉學和兩次搬家，基本上沒有能存錢，自去年十二月份起一直到今年三月份才有錢寄回家。本來指望放在上海景深那邊的羅皚嵐的短篇小說集《東鎭》和自己的譯詩集《三星集》出版，書店可以先寄點錢給她們母子三人，但最近收到信說景深爲著事務太多，又想全力以赴翻譯《契訶夫全集》，四月份已經退出了開明，而開明老闆本來就是和自己有點矛盾的，這兩本書老闆不願意再賣。這樣說來，這麼長時間她們竟是一分錢也沒有拿到。霓君的上封信說她病了一次，而且繡花繡得手指都疼，可憐的霓君，小東還沒有斷奶，小沅又太小，要拉扯兩個孩子，也難怪妳病、難怪妳要這麼勞累，不知道妳是怎樣熬過來的，自己還寫信要妳一定記得給小東請奶媽呢。要怪只能怪家裏太窮，怪我太無能。

朱湘眼睛一熱，幾乎快要流淚了。這些天來晚上睡覺老不踏實，而且老是夢見霓君，夢見小沅和小東。上一次自己夢見自己掉進了水裏，是霓君跳進水裏把自己救了起來，醒的時候自己發現已經哭了。昨天傍晚，自己看完書想休息一會兒，當時周圍一片寂靜朦朧，沒來由地彷彿聽到霓君在搖著搖籃，在小東身邊哼著歌，聲音很不快活，好像在埋怨自己爲什麼不早回家，讓她一個人帶著兩個孩子。自己又是差一點就哭出來。自從娘死了之後，也只有霓君讓自己有這樣溫暖的感覺了。當時自己最想做的就是把她摟在自己懷裏，結結實實地愛上一回，自己要向她認錯，爲自己以前和她的爭吵，爲自己的任性和強脾氣。他回到書桌旁，拉開最下面的一個抽屜，小心地拿出小盒子，打開，裏面是整整齊齊的一摞信，霓君的信，這是自己最大的安慰了。霓君又已經有半個月沒有來信了，是什麼原因呢？生氣？忙？孩子病了？信在半路上丟了？無論如何，從下個月開始，自己要每兩個月寄四十美金回去，不要再惹霓君生氣了。朱湘慢慢看著信，心裏充滿了自怨自艾與心酸感動。霓君的字是娟秀而且稚嫩的，也真難為她了，本來認的字不是特別多，現在每次都要寫這麼多字。自己幾乎能想像她寫信的模樣。信也是越寫越好了，出國以來到今天也已經積攢了十二封，這些信一定要好好保存著，等熬到回國時，兩個人在一起，再把這些信拿出來慢慢一起看，是多麼幸福啊。

中午到附近的一個小餐館吃了飯，因為說好了每天都在這兒吃，可以便宜一點，每頓只要四毛錢，和蘋果里差不多。回來後給霓君寫了一封長信，查看一下發信記錄，自己每個星期發一封信，有的時候三五天就發一封，今天的這封已經是來芝加哥後的第十七封了。在寫落款的時候，他不由自主地寫上：「永久是你的親愛，沅。十七封」。寫上編號是來了芝加哥後他和霓君約定的。因為每封信從美國到湖南，在路上要走四十多天，自己和霓君兩人的地址又老變動，信很有可能丟失。寫上編號後每次就可以知道有沒有信丟失了。寫完信後他感覺心情好一點，便又提筆給趙景深回了一封信，又順便給二嫂寫了一封短信——上一封給她的信還是初到芝加哥的時候。去寄信時他順便把平時為霓君買的一些零碎的物件，幾個髮網，幾張明星的畫片等等，一起也郵寄了。

進入六月份，天氣慢慢熱了起來，還好沒有正式進入夏季，每個禮拜只有一天熱得厲害，其餘六天還都涼快，不時地，還會下幾場雨。在經過緊張的春季期末考試之後，朱湘終於可以歇一口氣了。爲了儘快拿到需要的學分，朱湘也報了夏季班，但還沒有開始。這幾天有了閒空，他一面預習即將開始的古希臘文課程，另一方面全力以赴地從事中國古詩的英文翻譯。

月初的時候，因爲和理髮師鬧意見，朱湘剃了個平頭。這裏剪一次頭花費是美金七角五分，但如果剪了之後洗頭價錢要加一倍，朱湘本想省這洗頭的錢，但理髮師彷彿有先見之明，有意把頭髮弄得一團糟，讓你不洗不行，朱湘一氣之下就剪了個平頭。這段時間錢特別緊張，給家裏的二十美金鐵定了要省下，剩下的錢又不得不做一套夏天的衣服，穿得太破要讓外國人笑話，關鍵是也丟中國人的臉，這又得花費二十美金。前一階段發起爲楊子惠捐款的活動，自己義不容辭，認捐了二十元。因爲經濟實在緊張，只好先交了五元。錢啊，本來是個奴隸，但有的時候它也會篡權做主人，難倒英雄豪傑呀。

接下來的時間朱湘一直深居簡出。一方面是由於功課忙，同時他本身喜靜不喜動，當然這也節省了不少開銷。大學區離鬧市很遠，來了芝加哥之後，他去鬧市的次數平均每個月還不到一次，也不看電影、戲劇，更不用說參加同鄉會、跳舞派對之類的活動。爲了省錢，從五月份開始他就自己動手做飯了。每隔兩三天，他會在下午六點鐘左右到附近的超市去一趟，購買一些麵包、白菜、醬油、雞蛋、麵條、廉價烤肉之類的菜肉，再加上自己訂的牛奶（這裏的牛奶不貴，才七分錢一桶），買一次夠吃三四天。這樣人雖然累一點，但每個月能節省將近五美金，可以多買好幾本書了。選擇晚上出去買菜是想有意避開同住的房客的目光，自己總覺得每天買菜回來做有點丟中國人的面子。買菜的時候也經常碰到許多勢利的美國人。排隊買烤肉的時候，店夥計對每位本地顧客都熱情洋溢地說聲「thanks」，但輪到他時便是一個「cold welcome(冷場)」，那個大下巴的店夥計似乎趁機讓笑容休息去了。這很讓他氣憤，有的時候真想衝他那個胖臉打上一拳，但想著能省下來五元錢，還是忍住了。這幾天樓裏特別清靜，不久前一個失業的房客好長時間找不到工作，夜裏在自己房間喝光了幾瓶酒，割腕自殺了，許多房客都因此搬走了，這正合自己的意，有的時候朱湘自己想：我簡直也快像一個幽靈了。

一天早上，朱湘正在翻譯一首杜甫的詩，突然響起了敲門聲。朱湘感到有些奇怪，除了房東每月一次的拜訪外，已經很長時間沒有人到過他這裏了。打開門，一股新鮮的空氣連同叫嚷聲一同湧了進來：

子沅啊，終於又看到你了。

原來是柳無忌。朱湘喜出望外，激動地說：「無忌，你怎麼來啦？」

兩人坐下來敍舊。原來，柳無忌已經從勞倫斯學校畢業，已經聯繫好到耶魯大學讀文學碩士。因爲想看看朱湘，便特意選擇芝加哥大學讀暑期學校。他先到威斯康辛大學拜訪老同學范存忠，在那裏玩了一個星期，今天一大早到了芝加哥，把行李放在一個老鄉那裏，第一件事就是找朱湘。但朱湘平時基本上不和其他中國學生來往，大家也不大知道朱湘的住處。他是拿著朱湘給他寫信時留的通信地址，找了半天才找到的。

中午朱湘留無忌在這裏吃麵條。他煎了兩個雞蛋，放了一些醬油，又放了兩片烤肉，幾片白菜。無忌邊吃邊讚不絕口，好久沒有吃到有家鄉風味的麵條了。兩人邊吃邊聊，似乎又回到了在蘋果里同住的日子。

下午朱湘請柳無忌到芝加哥公園去划船。划船可以說是兩個人的共同愛好。這裏的池水比北京北海的還淺，價錢也比北海要便宜，每小時只要美金二角五分，朱湘之前也來過幾次，感覺很好。兩人划了一個小時，談了一會國內時局、同學舊事和古今中外的文學。無忌因初來乍到，有很多事情等著處理，便告辭先走了。

無忌本來計畫要與朱湘同住的，但從朱湘口中得知這兒剛有人自殺，對此多少有點忌諱，思慮再三，還是和其他中國同學一起在附近的中國公寓租了一個房間。好在很近，依舊可以相互往來。無忌因爲到耶魯要修德國文學，在這裏選修的課程是「少年歌德」。朱湘素來喜歡清靜，不大肯和陌生人交往，而柳無忌那邊同住的中國學生經常在一起熱熱鬧鬧地打牌，因此朱湘很少去找無忌。無忌也深知朱湘脾氣，每個週末都過來看朱湘。兩個人每次便到芝加哥公園裏散步，有時也划划船。這年芝加哥夏天特別熱，但水面上涼風習習，蟬噪猶靜，兩個人經常在湖中心放棹而談。這段時期柳無忌迷上了歌德，每次話題都離不開他正在寫的一本關於少年歌德的書，而朱湘則帶來這一個星期以來中詩的英譯，請無忌提提意見。兩人往往流連到黃昏降臨，華燈初放才興盡而歸。這種情形一直延續到暑期班結束。

# 第七章　留美辛酸(二)

## 一、留美之怒(二)

但是，芝加哥一年留給朱湘的是更大的刺痛。如果說在勞倫斯教師的嘲笑中國還只是一種潛意識裏的不尊重，在芝加哥就變成了赤裸裸的挑釁。在這個金錢至上的國度，只要你待的時間稍微長些，你就沒法不感受到他們無處不在的優越感，這尤其讓敏感而自傲的朱湘難以忍受。

最難以忍受的是上課。當年在清華的時候，朱湘就是激烈地反對死板地上課的一員悍將，更何況在這裏教課的教師還帶著「有色眼鏡」呢？

剛到芝加哥大學來的第一學期，朱湘選了英文作文課，這門課本是朱湘的強項，但擔任這門課的教師看不起中國人，第一次測驗時，儘管朱湘答得非常好，但他還是給了朱湘一個

「D」，朱湘一怒之下就退了課。第二學期的時候，朱湘另外選修了一個愛爾蘭教師的課，這個教師本不願意有中國人上課，但又無可奈何，就故意刁難。經常指桑罵槐，說朱湘借了他的書不還。朱湘自然不會退讓，作爲還擊，便不留情面地指出他上課講錯的東西。最後朱湘這門課的考試還是無可挑剔地獲得了最優等。秋季開學的時候，因爲沒有別人的功課可選，朱湘還是選修這個教師的兩門課，這個教師便有意在課上把許多和課本毫不相干的事情都拿出來講，比如幾次提到澳門是中國廣東的一個地方，卻被小小的葡萄牙強佔去了之類，朱湘一怒之下便也把他的兩門課退去了。另外一門課的老師是個蓄著鬍子的大胖子，同樣看不起中國人，有的時候乾脆就在課上公開地大罵亞洲人。作爲報復，朱湘便充分發揮自己博聞強記的優點，有意當場指出他上課時出現的知識錯誤。到學期快結束的時候，乾脆以蹺課作爲報復。所幸最後考試還是毫無爭議地拿到了最優等。

冬季開課的時候，朱湘因爲想早點畢業，就選了四樣功課，但是有一門還是這個大胖子的。這個大胖子一心要和朱湘對著幹，班上明明七個人，他偏偏說只有六個人，後來有不知底細的同學說是七個人，他又說他只能借六本參考書。朱湘一怒之下便把這門課退掉了。另外的一門課，朱湘同一個美國的女學生同桌，這個女生故意坐得離朱湘遠遠的，擺出一付不願意與黃種人同座的架勢，朱湘不能忍受污辱，一氣之下便再次宣佈退課。

討厭的事情層出不窮。十二月份，朱湘在芝加哥大學的學報《長生鳥》上發表了他翻譯的中國詩，在學校裏引起了一定的反響，一個白人女學生在校報上發表了一篇唱和的詩。於是那個沒有鬥得過朱湘的愛爾蘭人很快在校刊上編造「某東方學生」與「某西方女學生」的「曖昧新聞」。對這種背後散佈謠言的無賴行徑，朱湘簡直氣炸了肺，但卻無可奈何。種種的遭遇益發刺激了朱湘的愛國之心。他在寫給霓君的信中說：「我是極端主張愛國之人，我生也是中國人，死也是中國人。祖宗父母，兒孫男女，都是中國人。只要男女同胞大衆一心，努力向前，中國將來一定可以成功一個強國。」

所幸這一段時期也間有好消息。首先是他盼望已久的《草莽集》終於在趙景深的努力下由開明書店出版，十一月中旬，他收到了趙景深寄來的樣書。書印得很雅致，封面是他請唐仲明畫的，色彩端重而不板滯，秀媚而又雄渾，也讓他很喜歡。這是他繼《夏天》之後的第二本詩集。把自己的詩稱作「草莽」，多少有自謙之意，但也是出自真心。自己是預備拿一生去伺奉「詩神」了，因此，以第二本詩集爲「草莽」也並不爲過。但說實話，相較《夏天》而言，《草莽集》顯然更爲自信，技巧上也更爲成熟了。自己對於音韻格律的探求、對中國古典詩詞的融合，對各種詩體的實驗，都盡在其中了。

這本詩集代表了朱湘在格律詩方面的主要成就，其中收錄了《採蓮曲》、《搖籃歌》這些已被公認的好詩，他在兩年前所作的敍事長詩《王嬌》、《還鄉》也都在其中，另外還有不少朱湘的得意之作。例如，《婚歌》首章中，他嘗試以「堂」的寬宏韻開頭，表現拜堂時熱鬧的鑼鼓聲，用「簫」的幽遠韻結尾，表現入了洞房之後的纏綿溫柔；《昭君出塞》用同韻的平仄表現出琵琶的抑揚節奏，在意境方面也頗得古人神髓。而像《熱情》、《雨景》、《有憶》等風格不盡相同，或氣勢雄渾，或清新婉麗，但都成功地融入了古詩詞的意境。而且，由於這段時期與戴望舒等時有書信來往，像《雨景》、《有憶》等詩也融入了印象派的風格。例如：

我心愛的雨景也多著呀：
春夜夢回時窗前的淅瀝；
急雨點打上蕉葉的聲音；
霧一般拂著人臉的雨絲；
從電光中潑下來的雷雨——
但將雨時的天我最愛了。
它雖然是灰色的卻透明；

它蘊著一種無聲的期待。
並且從雲氣中，不知哪裏，
飄來了一聲清脆的鳥

《雨景》

另外還有一些富有哲理構思精巧的小詩，如：

美開了一家當鋪，
專收的人心；
到期人拿票去贖，
它已經關門

《當鋪》

二〇年代末的中國文壇，革命文學的風潮正在悄然興起，新詩在大眾的眼中已經逐漸失去了新鮮感。趙景深給朱湘寄來他最近發在《文學週報》上的一篇統計，根據他的調查，現在詩集極不流行。《草莽集》在這時出版，的確有些生不逢時。國內文壇上與朱湘關係交惡的人甚至發表議論說讀朱湘的詩不如看程硯秋的戲。但朱湘並沒有因此沖淡了喜悅。他在給趙景深的回信中說：「當今詩所以這樣壞時，並不必悲觀。我國現在並不像美國這樣教育普及，詩之銷路不廣是當然的。從前我相信詩人應當靠詩吃飯，這在中國一時還不能實行。如今想作詩，只有自鼓勇氣，再靠朋友的鼓勵。天才是在任何情況下，皆可產生的，不過在量一方面要少一點罷了。」

這年冬天，芝加哥爆發流感，學校被迫提前放假，有二十多天假期。朱湘得此空閒，忙著聯繫新的學校。出於對東部學校的失望，這次他選擇的是西部的大學。本來也想選擇哈佛，但哈佛大學不允許學生寄錢回家，這就意味著家裏的霓君和小沅小東要斷了經濟來源，這是他無論如何也不肯的。與此同時，他潛心替亡友楊子惠校對完他譯的小說，沉浸在小說的天地裏，飽受外國人蔑視的氣憤心情才稍許平靜。

## 二、轉學俄亥俄

開過春來，轉學的事有了著落。三月二十三號，朱湘最終來到了西部小鎮的俄亥俄大學。之所以沒有選擇哈佛，主要是因爲哈佛大學不允許像他們這種類型的留學生把生活費匯回去，而這對於有家室之類的朱湘來說顯然是不可能的。俄亥俄給初來乍到的朱湘留下的印象還不錯。這裏的天氣和南京上海帶差不多，最大的好處是沒有了在芝加哥隨處可見的煤灰，乾淨多了。在這裏他遇到不少中國同學，甚至還有一位湖南老鄉。與此同時，他也得到消息，羅念生和羅皚嵐今年八月份也即將赴美求學了，這讓他很高興，他很快寫信給二羅，希望他們能夠過來和他一起住，那當然再好不過。在信中，他把這個想法寫得很有文學色彩：在北風裏面，冬天的黯淡月光照著一些疏曠的枝條，中間有一個孤鳥哀啼，等到伴侶來時，風聲冷氣雖然似舊，哀啼聲卻變作欣喜的耳語了。因爲有一點熱情將鳥巢溫得暖和起來，所以就是在空曠寒冽的原野中，也仍然可以過活。

但等到開課，朱湘很快就發現情況並沒有本質的不同。由於兩樣功課的教師不願意教中國人，他又把它們退了。誰知道這裏退課要兩塊錢退課費，時値月底，朱湘剛剛付了房錢，又寄了一筆錢回家，身上竟然拿不出四塊錢。幸虧他急中生智，把這兩門功課的教科書賣了，才把錢勉強湊齊。

對於朱湘來說，強烈的愛國心是和飽受蔑視的恥辱同步增長的。二八年九月，當他還在芝加哥時，他從報紙上看到一則新聞，說有北大畢業生黃天籟打算由美國加州乘飛機橫渡太平洋到廣東，他心中極爲高興，在給羅念生的信中他說：「這次飛行不管成與不成，只要用一種無畏的精神去作，總是爲祖國爭光的。……」就像當年寫詩歌頌孫中山一樣，他還很高興地寫了一首《寄黃天籟》到國內。

在和國內的朋友寫信時，他甚至寫信勸勉國內的羅皚嵐羅念生改學實科：「我若是早知道中國最近這三十年最要的是實科人才，我如今決不會在這裏學文學的。……我勸你爲祖國最近的三十年計算，把文學犧牲了吧。……我們中國是能作文的人多，能辦實業的人少呀。」

除了西方人的蔑視之外，讓朱湘倍加痛苦的，是在這個被金錢異化了的國度上耳聞目睹的中國留學生的種種怪現象。在國內時朱湘早就領教過國人的「聰明」與精明。爲了一點小利，哪怕親如兄弟也會反目相向，最近的例子就是他請羅皚嵐贖回戒指時被當鋪狠狠敲了一筆利息，這些朱湘已經見怪不怪，但他依舊不能對留學生的如此市儈熟視無睹。——畢竟，這些都是中國的「精英」，是中國培養出來的「知識份子」，是聯結中國與西方的使者。如同上海大世界的哈哈鏡一樣，這個遠離祖國的國度映出了許多同胞的醜惡與卑劣，這比他們的醉生夢死更讓朱湘極其痛苦。他曾經寫信向摯友羅念生傾吐這種痛苦：

> ……稀奇古怪的事也看過不少，獷野，無信，下作，嫉妒，陰險，真是無所不有。惡疾之噩夢我也作過，醒過來之後，雖然知道是虛，但那黑夜我到現在想起來，還覺得不舒服。罪惡這東西，我從前全是書生之見，以為極其浪漫，這次來了西部，看見了真的罪惡，才把銀色的幻影一陣狂風給刮走了，這次三藩市的土案，又有某君帶了許多圖書館裏的書回國。又有某人自己偷了別人的信，嫁禍在無辜者身上。又有某人……。這

一位是從前威斯康辛的政客。像這樣看來，將來回去了，還不是一個賣國賊？那個土案中的女人，聽說通五六種語言。拿書的是「哲學家」，……由此看來，一個人決不可沒有骨頭。西方文學誠然也有頹廢的一方面，但是像但丁這樣有骨頭的人也多得很。……

中國人身被奴役而不自知，卻把僅有的小聰明用在對付同胞身上，爲了些蠅頭小利，讓西方人更看不起，這怎能不讓自尊心飽受打擊的朱湘痛心疾首呢？

處世經驗不夠豐富的朱湘也偶爾受這種「聰明」的同胞的欺騙。例如，他在二八年底做了一套西裝，本來向同樣是中國人的經紀人說好分期每月付款，對方也答應了。但等到朱湘拿到衣服，這個中國經紀人卻翻臉不認人，要求他立即交淸欠款，否則就要訴諸法庭。朱湘一則人生地不熟，二則也沒有錢請律師，三則在條款上也沒有注意寫充分，只好自認倒楣，把當月準備寄回家的錢用來還衣款。

## 三、心酸兩地情

對於身在異國的朱湘來說，讓他牽腸掛肚、不能釋懷的除了大「家」之外，自然就是自己的小「家」了。他和霓君的感情也充滿了酸澀。客居美國的朱湘把一腔柔情都傾注在霓君身上。比如他給妻子耐心解釋穿高跟鞋的害處，勸她不要拿自己的身體來趕這個時髦；要妻子多吃豆類雞蛋等有營養的東西；怕妻子學習累了會傷身體；偶爾外出看到新奇的東西都首先想到買下來給妻子寄去；每兩個月如果不能按時寄錢回去，心裏都充滿了愧疚與掛念，等等。霓君也是深愛丈夫的。她細心地收藏著朱湘寄回家的、或者由朋友轉來的詩稿，想辦法給朱湘寄一些衣服或喜愛吃的東西，哪怕錢很緊張。她也聽從丈夫的話，把高跟鞋換成了平底鞋；又一再叮囑遠在美國的朱湘注意交通安全；儘管知道美國的醫療體系很發達，但她還是萬里迢迢給朱湘寄來大包小包的藥品。在給朱湘的信中，她更是像一隻迷途的幼雁一樣，真摯地呼喊：「哥哥哪裏去了？哥哥哪裏去了？我可同去否？我可同行麼？我想我是無學問，不能同行，恐終身爲此墜落，何等痛苦！」不能不讓敏感而且心靈豐富的朱湘爲之動容。

正像霓君在信中所流露出來的，這種長期天隔一方的愛是甜蜜的也是令人心酸的。這是兩個都過早地失去了父母之愛的孩子（儘管他們也已經結婚生子）。經濟拮据固然是個現實問題，情感方面更是一種折磨。有一段時間，霓君帶著兩個孩子住在湖南家鄉一個叫「般若庵」的尼姑庵旁，早晚晨昏，木魚鐘磬及誦經之聲聲聲入耳，助人淒涼。儘管霓君也深知朱湘孤身留美求學之難，想儘量寬朱湘的心，但想念極了和辛苦的時候，也難免會和朱湘有齟齬。就像當年她受到了一封來歷不明的「情書」而風塵僕僕地從湖南逕直找到北平一樣，她時常會發揮她作爲女性的狡黠，在來信上寫上「祝你們幸福，空人霓君白」之類的語句；有的時候會自問自答一樣，說丈夫變了心，自己是孔明，一猜一個准，自己給他寫的信會被他當作笑料讀給別人聽；有的時候又埋怨丈夫變了心，不給他們寄照片。儘管朱湘再三解釋：在美國照一次照片要十幾元美金，實在很難省下這筆錢來。愛與自卑、無助等情緒混合在一起，會變成一種近乎歇斯底里、無處不在的疑心。她深怕身爲詩人的丈夫成爲一個大學者之後會嫌棄自己。爲了分散妻子日思暮想的注意力，朱湘建議妻子上學堂，卻被她理解爲對自己開始嫌棄的信號；朱湘被那個中國經紀人耍弄手腕害得不能照常寄錢，霓君又猜疑是不是和女房東勾搭上被人家騙走了錢；還有一次，朱湘生病蒙房東夫人的照顧，爲了答謝人家，朱湘想叫霓君寄一方繡花的手帕過來，本來很正常，但霓君又疑心朱湘是不是要拿著去送情人……

朱湘當然能明白霓君的心理。正像臨分手時她對他說的那句話：你回來之後就是洋博士，我是個鄉下妹子。霓君的疑心還是出於對自己的愛和對自己的思念。但無論如何，對朱湘而言，自尊心的受到傷害和對妻子兒女的思念的夾擊已使在美國求學成了一個不堪承受的重負。他這樣向妻子表達自己的愛：「我們兩人的愛情是天長地久，同偕到老。將來我先閉眼，我就求你顧身子，拿小孩子們帶得好好的，不要自尋短見；萬一你先閉眼，我發誓決不再娶。作負心郎。皇天在上，我家祖先在上，朱湘如不守約，就天打雷劈。……妹妹親愛的，須知我們的姻緣是天註定的父母指腹爲婚，我怎能把你抛捨，那我不是成了畜生嗎？……」

朱湘對生活的要求向來不高，就像他在信中滿懷憧憬地向霓君所描述的：「日裏我出去教書，或是在家作文，吃早飯拿醃的白菜蘿蔔豇豆扁豆（還有幾個紅辣椒）下飯，中飯是拿豆腐，紅燒肉丸作菜，你在家裏主持家務，那時候小沅小東都大了，我們夫妻兩個教他們書……」但對妻子兒女愛得越深，朱湘便越感受到自己承擔著的生活壓力：沒有文憑回國，就不能找到合適的工作，就不能實現最基本的養家糊口的願望。無論如何，現在國內工作並不好找，自已平時在國內得罪的人太多，在這種情況下，要想在國內立足，起碼也要拿到學士文憑。說心裡話，朱湘對自己充滿自信，文憑在他眼中並不是重要的東西。正如他在給妻子的信中所說：「只要衣食不愁，何必考甚麼博士！老實一句話，博士甚麼得考得，像我這詩卻很少人能作出來。」但正是這被他視如敝屣的文憑，成了朱湘在美國煎熬的唯一理由。

朱湘非常羡慕同學彭基相：彭基相也沒有拿到文憑，但回國之後被聞一多請到武漢大學做教授，月薪據說能夠拿到三百元，自已其實已經完全有了研究和教授學問的能力，關鍵是缺少這樣的機會。在高校謀職要靠伯樂的慧眼以及朋友的提攜，但可惜自已天生那種暴烈性子，當年和聞一多因爲《詩鐫》的事鬧僵了。

關於自己的性格朱湘不是沒有反省。在給霓君寫信時他說：我以前吃虧在眼睛太高，對人太不客氣，其實這個很容易改。你看我將來回去開書店，包管開得很好。我們這一家子人就是吃虧在性子太強。我們這一家人從大如父親，到小如我自己，作事都能認真。他在此時還是對開書店的設想充滿了樂觀：

中國一天好似一天，到處都是錢，只要你不懶，肯作事，肯為社會服務。將來讀書的人一天多似一天，所以開書店這個生意實在是出路最大。……我們這十個人開書店，實在是最好不過。我就要發憤，作給人家看看，教別人知道，我並不是一天到晚做夢。我要精明的時候也能精明。（六月十二日給霓君信）

留學這幾年來，開書店的想法一直在他的腦中盤旋。沒事的時候，他甚至會仔細地設想開書店的種種細節，包括自己不必做經理，包括必須總結別的書店的經驗，代銷圖書時必須注意資金的周轉，等等。有的時候他也會有意向之前一直在書店工作的趙景深打聽有關內情。在差不多同時寫給羅皚嵐的信中，他說：

自己開書店我想出一個辦法來，每人每月交存華幣五元，能多者聽便，這樣有十個人，每年便可存款六百元，存上三五年，書店就開成了。同聲相應同氣相求的朋友最重要，否則不能持久。《創造》雜誌初辦的時候，人是不多，不過他們都是同聲同氣，所以苦是苦了一場，終究不曾倒下去。

我們既然打算開書店，那不比閉了門作大夢，必得「行情」熟悉了好。在現在這種世界，僅僅作好人是不夠了，也要熟知奸惡鄙俗，設法應付，這好人才能作得成功。你到上海以後，務必隨時隨地採聽書業的內情，不單你自己作小說多得材料，對於將來開書店也一定很有幫助。另外還有圖書分銷的問題，教材書的問題，開了書店可以辦自己的雜誌，還應當查明各種雜誌的銷路印數發行等等手續。

過了二九年的陰曆年，朱湘和霓君的兩地書快要滿一百封的時候，回國的事情慢慢有了轉機。事情起源於他寫給彭基相的信，在信中，他傾吐了留美的苦惱：「我決定回國，與其受異種人的閒氣，倒不如受本種人的」。不久他意外地收到彭基相寄來的信，信中說起聞一多向彭基相詢問他的情況，並且表示如果朱湘有意回國，他也可以安排教職，月薪也在三百元以上。

這個消息簡直讓朱湘欣喜若狂。回國的念頭就像火星碰到了汽油一樣熊熊燃燒起來，而且一發而不可收拾。他一面寫掛號信給聞一多確認，說明自己願意回國的念頭，請他給予幫忙；一面忙不迭地把這一喜訊告訴霓君。在此之前他和霓君講最早也還要等一年。現在無論工作找得如何他已經決定了要回國了。聞一多的態度表明了橫亙在他們之間的障礙已經冰釋，只是再好不過的事情。只要有聞一多的幫助，哪怕武漢大學一時之間進不了，他熟人比較多，只要肯幫忙，也不愁找不到工作。在給羅皚嵐寫信談辦書店的同時，他已經在著手準備回國了：七月底有船就七月底動身，否則就八月初。

回國之前，他給趙景深和羅念生發了一封一模一樣的信：

我決計要回國了，緣故你也知道了。惟源西人鄙蔑我們華族的道理，不過是他們以為天生得比我們好，比我們進化，我們受蹂躪侮辱是應該的，合於自然的定則。

我們要問：現狀不必比，但是，華族天生得是差似他們嗎？如若真是，那我們就該受踐踏不必出怨言——除非沒有出息去求憐憫。我的回答是：不！就拿文學來講：平常總以爲從莎士比亞那時到現在不過三百年，英國就產生這麼偉大的一個人物，我們中國的文學已有兩三千年了，實在不及他們那麼猛進。其實不然——英國文學發源還在四五世紀間，離現在已經一千五百年了。至於莎士比亞的文章也並非個個字都是聖經，他們教授親自講的，他的佳作如錄入一書，那書是並不十分厚的。羅斯金也曾比較過彌爾頓同但丁，他說但丁的真金多，彌爾頓的有許多假銅：這便是盎格羅撒克遜民族所自誇到天上的詩歌的真相。至於科學，我們也並非天生的不中——古代純憑經驗構成的天文與醫學可證——不過我們不能那樣尋根究柢，所以尙不能發明出科學來。

華族如今的退化無庸諱言，但並非天生的不能。我回國後決計復活起古代的理想，人格，文化，與美麗，要極端的自由，極端的尋根究柢。能作到怎樣，就看天稟了。

# 第八章　安大歲月

## 一、執教安大

一九二九年，剛學成回國的朱湘平生難得有一種「春風得意馬蹄輕」的感覺。在上海登岸後，脫離了那些洋人傲慢的眼光，踏在自己國家的國土上，朱湘多少有一種重回故里的激動和新鮮感。黃浦江水依舊渾濁，外灘上那些歐式的建築依舊敍說著殖民的恥辱，滿面塵灰的黃包車夫依舊在大街上飛奔，路邊的小店鋪裏依舊有人在不慌不忙地看著《申報》，所有這些，不管是好的還是壞的，但它總是自己的祖國。而且，這片土地也彷彿給了他足夠的自信與對未來的樂觀：儘管在美國並沒有拿到文憑，但《夏天》尤其是《草莽集》的出版，以及其他大量譯詩都使他在國內擁有了一定的知名度。沒有文憑未必不能成就事業，聞一多就是一個很好的例子。更讓朱湘高興的是，在上海又見到了老朋友徐霞村和趙景深。在國外不過短短兩年，但在他卻像是過了十幾年幾十年，故人重逢，有說不出的親切。他給徐霞村帶了一部十冊的《愛倫坡全集》，給趙景深則帶了一部十冊的《世界小說選》作見面禮。唯一的遺憾是好朋友羅皚嵐、羅念生於七月份登船赴美，大家在茫茫大海中擦肩而過，要再見面只能等到他們學成回國了。

也就是這幾天裏，朱湘接到了一封新任安徽大學校長的王星拱的邀請信。

安徽大學於一九二六年剛剛正式成立，是由著名學者姚永樸、劉文典等參與籌建的。一九二八年，安徽大學剛剛發生了一起在當時頗有名的「校長坐牢」事件。當時的校長是著名學者、莊子研究專家劉文典。劉文典時年四十歲，但已經是老資格的國民黨元老，他於一九〇九年赴日本留學，辛亥革命爆發後，他懷著滿腔激情，於次年回國，在上海于右任、邵力子等主辦的《民立報》擔任編輯，宣傳民主革命思想。一九一四年加入了中華革命黨，並擔任過孫中山先生的秘書。一九二八年，劉文典任安徽大學校長兼文學院院長。由於學校學生發生針對國民黨的學潮，蔣介石將愛國學生運動斥之爲赤化分子抗亂，要嚴懲不貸。一身傲氣的劉文典對蔣介石經教育部下達的文件用「責令、責成」、「縱容學生鬧事」等詞，尤其對「傳令劉文典」，「蔣委員長召見」等措辭極爲憤懣。後來蔣介石召見，劉文典一襲長衫，昂然進入蔣的辦公室，誰知蔣介石面帶怒容，既不起座，也不讓座，沖口即問：你是劉文典麼？劉文典沖口而出：「字叔雅，文典只是父母長輩叫的，不是隨便哪個人叫的。」這更激怒了蔣介石，一拍桌子，並怒吼：「無恥文人！你慫恿共黨分子鬧事，該當何罪？」劉文典也應聲反駁蔣介石爲不實之詞，並大聲呼喊：「寧以義死！不苟幸生！」躬身向蔣碰去，早被侍衛擋住。蔣介石盛怒之下，以「治學不嚴」爲藉口，把劉文典當場拘押。這就是當時轟動一時的大學校長坐牢案，因而激起安徽大學師生公憤，遊行示威，社會賢達輿論支持，蔡元培出面說情，蔣介石才不得不釋放已被關了一個月的劉文典。

經過這件事之後，劉文典自然不肯再做校長。安徽大學一直群龍無首，校長一職在二九年上半年一直由教育廳廳長暫代，王星拱就是在這樣的情況下於一九二九年八月上任的。安徽大學由於初創不久，教員本來不足，又經過了這一次學潮，流失更大，因此亟需人才。正在這時，王星拱得到朱湘已經回國的消息。當年朱湘留美之前在北平適存中學任教時，王星拱就是適存中學的董事長。他深知朱湘的才華，所以就寫信力邀朱湘去安徽大學。

王星拱信中用辭懇切，希望朱湘能念桑梓及舊日同事之情，組建外國語文學系，並允以三百元的月薪。這封信打動了朱湘：畢竟，安徽是自己的祖籍，自己十歲時還在安徽待過一段時期。於是，朱湘改變了自己的計畫，他最終沒有去聞一多所在的武漢大學，給妻子霓君和聞一多分別寫了一封信後，就由上海直赴安大了。

安慶氣候有點像北平，但空氣清新，比北平更乾淨。交通也很便利，離上海只有一天半的路，到廬山也只要一天。但這兒畢竟是個小地方，當地唯一的文藝娛樂只有一個很簡單的戲班子，生活設施也很簡單，這讓剛剛從美國回來的朱湘稍微有些不適應。由於剛去，需要做的事有很多。朱湘除了每週教九節課外，還要籌建外國語文學系。由於安大屬於剛剛組建，圖書館裏甚至還沒有一本英文文學方面的書，正是所謂百廢待舉。所幸朱湘隨身帶了不少書回來，他把一部分書捐給圖書館，裏面還包括趙景深送給他的幾種著譯。另外又開列書單，並托剛到美國的羅念生羅皚嵐等代爲買書。除了忙於添置圖書館藏書外，他還堅持外國文學系的課程設置應該按照他的規劃，學校也同意了，剛開學的好幾個月就在忙碌中過去了。

在安徽大學也有意外的收穫，在這裏他遇見了清華舊友、高他一級的謝文炳，以及饒孟侃。饒孟侃這幾年一直負責《新月》的編輯工作，從這一年上半年起，由於《新月》由剛從海外回來的羅隆基主編，基本上變成了政治性的刊物，讀者逐漸對此失去興趣，因此，饒孟侃早就萌生了離開之意。這時正好王星拱來信邀請，饒孟侃也就爽快地答應了。朱湘和饒孟侃儘管當年有同住時的齟齬和《晨報詩鐫》時的糾紛，但畢竟沒有本質的分歧，久別重逢，還是分外親切。十月底，夫人霓君帶著孩子從湖南來到安徽，在安慶東門寶善庵三十九號租了一個房子。所謂小別勝新婚，夫妻隔了三年重新相見，那種歡樂自然無需過多交待。一切都彷彿那些話本小說裏所說的，苦盡甘來，花好月圓了。

作家兼武漢大學教授蘇雪林當時也在安徽大學執教，後來她在一九三五年六月七日《武漢日報·現代文藝副刊》第十七期上，寫了一篇文章《我所見於詩人朱湘者》。文章中，她這樣回憶當初在安徽大學初見朱湘的印象：

> 聽說一切詩人的性情總是奇奇怪怪，不可捉摸的，詩人朱湘所給於我的印象也始終是神秘兩個字。天才是瘋癲，我想這話並不是完全沒有理由。
>
> 記得民國十九年我到安徽大學教書，開始認識這位《草莽集》的作者。一個常常穿著西服頎長清瘦神情傲慢見人不大招呼的人。那時安大教授多知名之士，舊派有桐城泰斗姚永樸；新派有何魯，陸侃如，馮沅君，饒孟侃，但似乎誰也沒有詩人架子大。聽見學生談起他，我才知道他住在教會舊培媛女校裏，有一個美麗太太作伴，架上書籍很多；又聽說正計畫著寫這個那個。偌大的安慶城只有百花亭聖公會有點西洋風味，綠陰一派，猩紅萬點，襯托出一座座白石玲瓏的洋樓。詩人住這樣理想的讀書與寫作環境中間，身邊還有添香的紅袖，清才穠福，兼而有之，這生活我覺得值得歆羡。

作爲朱湘生命中的一位匆匆過客和好奇的旁觀者，蘇雪林以女性作家細膩而感性的筆觸捕捉了朱湘生命中最爲舒展的短暫歲月。

蘇雪林所說的「百花亭聖公會有點西洋風味，綠陰一派，猩紅萬點，襯托出一座座白石玲瓏的洋樓。詩人住在這樣理想的讀書與寫作環境中間，身邊還有添香的紅袖，清才穠福，兼而有之」，儘管不乏文飾之辭，倒也大致不差。有了穩定的職業、一定的社會地位，朱湘在信中一再描繪的幸福的將來似乎已經歷歷在目。三百元的月薪，儘管學校每月不能全發，但能發的部分對於長期以來一直處在經濟恐慌之中的朱湘夫婦來說也不啻另一道保證幸福的桃符。以前往往引起小夫妻爭執的原因現在看起來微不足道，有空的時候，朱湘甚至還可以到當地的古玩市場搜集一些字畫、碑帖和陶馬，或者寫信讓美國的念生和噩嵐幫他買一些書籍和唱片。關於古玩和碑帖的興趣還是在清華做學生的時候養成的，記得那個時候上海的書店經常打折，自己經常是精打細算，看準了機會就讓上海的孫大雨代買一通，儘管常苦於沒錢，也自有無窮的樂趣。後來離開學校之後，一直爲生活苦苦支撐，已經有好幾年沒有重拾這一興趣了。

蘇雪林對朱湘的印象是傲氣，這也大致不差。朱湘本來就討厭人情世務，他又經歷過生活中太多的黑暗，這次在美國，又看到了太多道貌岸然其實醜惡無比的嘴臉，這使他幾乎對國人失去了信心。世界就是一齣枯燥的戲劇，這齣戲裏，沒有音樂，沒有圖畫，沒有任何什麼，只是猴子在那裏變把戲。他本來生性喜靜，在安大的這段時間，除了教學和系裏事務，他基本上都在家裏看書寫詩，陪伴小沅小東。朱湘出國的時候小沅與小東還小，一去兩年，兩個已經是伶伶俐俐的頑皮孩童了。剛和朱湘見面的時候，兩個孩子都怯怯地不敢認這個爸爸。因爲自己三歲時就失去了母親，那種略帶恐懼的孤獨感到今天還約略記得，而自己也讓這兩個孩子在沒有爸爸的環境裏成長了兩年，這讓朱湘倍感欠疚和心酸。現在終於有了足夠的時間來補償這一切。小樓裏面經常會響起他陪著孩子吟誦唐詩的聲音，有的時候也教他們一些簡單的英語，而霓君在一旁微笑地看著他們的笑鬧遊戲。朱湘感到這是自己生命中最悠閒最滿足的時刻。

朱湘這段時間與其他同事基本上沒有往來還有別的想法。安徽大學是舊學「桐城」派的主要根據地，教授陣容很壯大；但朱湘所在的外國文學系因爲是草創，人事安排難免有濫竽充數的現象，因此朱湘對一般的同事潛意識裏都很看不起，認爲不過是徒有虛名，當然就談不上交往了。有的時候霓君也爲他的這個脾氣生氣，但朱湘天生是這種強脾氣，他認定的理九頭牛也拉不回，霓君對之也無可奈何。朱湘的熱情只限於謝文炳、饒孟侃這兩個舊友，以及與其他老朋友的頻繁通信。朱湘對朋友從來都是瀝肝剖膽，這自然是外人無從得知的。

在安大對朱湘最抱有好感的可能就是外國語系的一幫學生了。這些學生早就聽說過朱湘在詩壇上的名氣，本來就有一種仰慕之情。加上朱湘教課是認真的，他上課時那種融會古今中外的淵博，那種充滿了創造力和想像力的即興之辭，那抑揚頓挫和諧悅耳的吟哦之聲，都不同於一般的冬烘先生，這使他深受學生喜愛。在他的課上，經常會出現一些旁聽的外系學生。安大有個文藝社團曉風社，朱湘也像對當年的清華文學社一樣，傾注了自己的熱情和關注。他親自為他們辦的刊物《沙漠》、《綠洲》等撰稿，在學生們舉行的詩歌朗誦會上朗誦他以前的詩作，每逢這時，甚至一些安大的教師也會過來看他朗誦。這一切也讓他似乎找到了當年的熱情。

## 二、「詩壇學徒」

這段時期，朱湘也陸續看了一些有關《草莽集》的評論。有許多評論批評他的詩歌形式的「豆腐乾」，這一點並不新鮮，當年《詩鐫》辦到後期，許多人就指出了他們所嘗試的格律詩有這樣共同的毛病，甚至成為流弊。朱湘離開《詩鐫》之後，《詩鐫》再辦了八期就轉成了余上沅的《劇刊》。當時連身為主編的徐志摩最後一期《詩鐫》的《詩鐫放假》中也不得不承認這一點。但朱湘並不認同這一點。他認為這其實這是因人而異、因詩而異的。字數的均齊未嘗不是一種有益的嘗試，就像古詩一樣，運用到好處能夠給人以一種形式上的美感，事實證明自己有能力能做到這一點；另外，即便在《草莽集》中，自己也並不是一味採用這一方法，更何況自己現在更已經在嘗試著包括無韻體在內的各種詩體呢。

引起他注意的一些評論大多來自對自己的詩歌創作比較瞭解的朋友。比如二九年十一月的時候，他看到了已經遠在美國的摯友羅念生當時所寫的《評草莽集》，裏面這樣寫道：

「他天性孤傲，脾氣急躁，他的神經 over-sensitive（過分敏感），時刻需要新的刺激。他的自信力特別強，記憶也很好，但只是限於文學方面的。他愛自然，更愛「人情」(human nature)，然而他並不懂人情世故，太相信別人，太詩人化了，所以他處處上當。」

「他的詩很少有熱情，就是這詩集的第一首《熱情》也不見得怎麼熱，那是雄渾中的細緻，對自然的 wonder(驚歎)。他的情歌多是替別人寫的，如《情歌》。他的情感不多於放在兒女間的私情上，卻化成了 patriotism(愛國主義)……他宜於作敘事詩及史詩，他自己說他將來的努力是在這一方面，頭一篇史詩預定了寫《文天祥》。」

「他的想像力很豐富。他的思想沒有十分發展，最近已大變，進而研究一切社會科學及其他。他對人生的經驗不豐富，所以他的詩很空靈，不踏實，不呻吟。……」

「他的詩是浪漫的靈感加上古典的藝術，他對於形式極講求，帶古典色彩。他對於西洋古典文學極喜歡，而且極有研究，但那種精神沒有明白顯現在他的作品裏，正因為他是 patriotic 詩人。在新詩的形式運動中，他是一個中堅人物，……」

「在音調方面朱湘卻很有成就。可是讀者不細心，不易體貼得出來。……」

朱湘看了這個書評很高興，念生對他性格的介紹是相當中肯的，他毫不客氣地指出了《草莽集》中存在的一些問題，也有一定的道理。

另一篇引起朱湘注意的評論是舊友兼老鄉沈從文發表在三一年一月三十日《文藝月刊》上的《論朱湘的詩》。當年讀詩會剛剛開始時，他和沈從文交往很多，那時的沈從文在文壇還是初露頭角，現在已經在小說中開闢出一片新天地，名聲也不可同日而語。沈從文對自己的詩的看法有許多和羅念生一致，但好多地方態度更爲冷靜客觀，比如他對於《夏天》的「天真與纖細」、沒有超越「一般當時的詩歌的成就」的點評；再比如對於《草莽集》的客觀評價：

> 《草莽集》出於一九二七年，這集子不幸得很，在當時，使人注意處，尚不及焦菊隱的《夜哭》同于賡虞的《晨曦之前》。《草莽集》才能代表朱湘在新詩一方面的成就，於外形的完整與音調的柔和上，達到一個為一般詩人所不及的高點。詩的最高力，若果是不能完全疏忽了那形式同章節，則朱湘在《草莽集》各詩上，所有的試驗，是已經得到了非常成功的。

沈從文對《草莽集》之所以沒有引起轟動的原因的探討也使朱湘有一種會心的感動，同時也略感沉重：

不過在這本詩上，那些值得提起的成就，卻使作者同時便陷入一個失敗的情形去了。作者運用辭藻與典故，作者的詩，成為「工穩美麗」的詩，缺少一種由於憂鬱、病弱、頽廢，而形成的擴悍興奮氣息，與時代所要求異途，詩所完成的高點，……離去焦燥，離去情欲，離去略帶誇張的炫目光彩，在創作方面，葉聖陶先生，近年來所有的創作，皆在時代的估價下顯然很寂寞的，朱湘的詩，也以同一意義而寂寞下去了。

沈從文指出，中國青年人所喜歡的，是那種把生活的欲望、衝突有意識地寫進作品，以顯示個人靈魂的苦悶與糾紛的作品，像作家郁達夫、丁玲，詩人徐志摩、郭沫若所做的那樣；要不就是像某些海派刊物一樣，以平凡低級的趣味來迎合讀者。朱湘卻不願意迎合時尚，這是他的詩集不流行的原因。

屈原怎麼講？「吾不變心以從俗兮，固將貧苦而終窮」，這句話庶幾可以拿來自勉吧。詩歌的創作並不是為了迎合一個時代的趣味，而是為了詩歌藝術的本身。就像自己在《夢葦的死》中所講的，只要再等個五十年，或者一百年，在某個家庭之中，夏天在星光螢火之下，涼風微拂的夜來香花氣中，會有人吟唱起自己的詩歌，也就滿足了。但是，誰敢這樣說呢？也許只會有臨終時的失望，可怕的永恆的失望，那又如何呢？

無論如何，自己甘願把一切都獻給詩神。詩神呀，至高無上、難以輕易企及的女神，我用我的虔誠供奉你，把一切都獻給你，並不考慮你施捨給我什麼！

這些日子，朱湘埋頭於他的書齋，不問世事。除了鑽研一些古典書籍，以及為教學而看一些書籍外，他這段時間的興趣還在薄伽丘的《十日談》上。當他還在美國時就對這本書起了興趣，由於醉心於新詩創作的關係，他一直對民間文學很關注，當他看了《十日談》之後，他敏感地發現了這本書的不同尋常之處，覺得這本書類似中國的《今古奇觀》而且勝之，當時就想進行翻譯了，但一直沒有時間。回國的時候他就把這本書帶了回來。

除了工作和翻譯之外，他作了有幾十首詩——這段時期，他作詩的興趣開始轉向了西方的十四行體，另外還有許多譯詩。這一年，羅念生、羅皚嵐、柳無忌、陳林率等一幫清華文學社舊友籌辦刊物，以柳無忌的父親柳亞子為名譽主編，在上海開華書店出版了《文藝雜誌》前後發行了四期。朱湘也意不容辭，應約為他們寫了不少稿件。三一年除夕的時候，他給在美國的羅皚嵐寫了一封信，說：

……也有些別的詩，（不想發表），等《望北斗集》印成時一總看吧。我現在以學徒自視，《草莽集》是正式的第一步，近作是第二步，將來到了三十五或是四十，總可以有作主人的希望了。

他對自己最終有一天把握詩歌的真諦是充滿信心的。

## 三、安大事變

三一年底，當朱湘在給羅暟嵐寫上面這封信時，他不知道他一生的命運隨著安大的形勢變化很快就會急轉直下。短暫的幸福其實只是永恆黑暗來臨之前的迴光返照。正如他在題爲《幸福》的一首詩中所寫的：

有時我遠望天邊，
向希望之星掙扎而前；
一路自欣自喜，
任欺人的想像幻出凡間
所無有的美滿……
到了時，只聞惡鳥
在荒郊裏笑我行路三千！

事情是由安大教授大批辭職引起的，教授辭職原因有二，第一個原因在於，安徽大學由於剛剛組建，基礎未穩，在人事變動、組織管理、以及學校當局對青年學生的態度等方面都存在著不少問題。而且安大的學生本來就有關心國家大事的傳統，劉文典做校長時的學潮就已經說明了這一點。王星拱接任校長之後，做了一定的改革。但畢竟他是由國民政府任命的，當局的許多決策及行動還必須執行，因此從三〇年開始，學生運動的浪潮又已經是此起彼伏，澎湃不絕了。學生上課的時間已經不及規定的三分之一，無論對於教師還是學生而言，都已經不可能有一個良好的教學學習環境。

另一個原因就是欠薪問題。欠薪在當時其實是許多大學都存在的問題。從三〇年開始，安徽大學就已經幾次派教師代表與安徽省政府交涉索取欠薪，但效果都不大，到三一年安徽大學迫於學生運動而大改組時，教職工薪資已經有半年多沒發了。到這一年學期結束後，謝文炳、饒孟侃等人都紛紛先後離開了安大。

朱湘沒有走。他多少還帶著對安慶閒適生活的留戀和振興安大外國文學系的希望。由於外國文學系走了不少教師，一九三二年五月，他專程到上海，約請趙景深、戴望舒、方光燾等一幫有真才實學的朋友一起到安徽大學任教。早在他到安大之初就想把趙景深這樣一個人材聘請到安大，可以助自己一臂之力。但當時北新書局堅決挽留趙景深，所以沒有成功。但這次，朱湘把這件事想得太簡單了些，外國語文學系主任儘管有一定的權力，但畢竟有限，學校當局不肯接受朱湘對他們的聘任。與此同時，校方還不顧朱湘的激烈反對，把所屬的「英文文學系」改成了「英文學系」。這一字之差反應了不同的治系觀念，朱湘的想法是要眼光放遠些，不僅僅是講授英國本國的文學，而且也應該包括用英文翻譯的世界各國文學，學校對系名的改動將不可避免地使本系的發展前景變小了。朱湘看到自己的勸阻無效，牛脾氣又上來了，道不同不相爲謀，他不顧霓君的激烈反對，一氣之下辭去了在安大的教職。

美好的日子太短，幸福的時候沒有想到厄運會如此早地降臨，平時的開支也不是很儉省，基本上沒有積蓄，生活很快就又陷入了困頓。早隨著學校的欠薪風波開始，小樓裏久違的不和諧之音就又出現了。朱湘倔強而霓君好強，夫妻倆吵架的次數開始增多，戰況經常升格到互相摔東西，如花瓶、鏡子、碗碟，往往要等到當時還在安慶的朋友謝文炳聞訊帶著夫人陳綳來調停，這樣的大戰才能停止。夫妻吵架床頭和，最初，兩人往往吵了一天的架，第二天就能和好如初，和和美美地一起出去補買東西。但現在，朱湘不顧一切辭了職，饑餓的威脅就像出了籠的老虎一樣迎面襲來。霓君是女人，非常現實的女人，面對著向孩子襲來的苦難的陰影，她實在不能理解朱湘的舉動，但又無可奈何，只能是關起門來大哭一場。現在對這個小家來說，小樓是不能住了，只得臨時租了一間便宜的房間。生活頓時失去了規律，有的時候甚至挨餓。——家裏又添了一個小兒子再沅，五張嘴等著吃飯呀。家中的東西陸陸續續當完，已經家徒四壁，沒有東西可以當了——現在他甚至不好意思走進當鋪——曾幾何時，他還是這兒有名氣有地位的教授，他怕看那些夥計或憐憫或幸災樂禍的臉，怕聽那些壞人名聲的流言蜚語。他發信給自己在國內的一些朋友——當然真正的朋友永遠只是那麼幾個——希望能夠在別的地方找些事做，但幾乎都沒有回音。

進入秋天，他一直頭疼難忍，一個朋友力勸他到醫院看看，那個朋友在當地醫院有熟人。檢查過後，醫生告訴他患了腦充血，必須靜養。朱湘客氣地謝過醫生，也沒有拿藥，就走了出來。該死的病魔永遠是落井下石，現在來湊趣了，那就來吧。

# 第九章　黑暗深淵

## 一、困居武漢

一九三二年十月，一輛三輪車沿著漢江邊一條滿是煤渣的小路吃力地行駛。道路崎嶇不平，到處可見各種車輛輾過所留下的印記，車夫似乎對地點不是很熟，他不時地停下來，向路邊的人詢問一個叫「茂昌旅社」的地方。車在一個不大的碼頭那兒拐了彎，轉進一條更為狹窄的小路。

「幸虧現在是白天，這兒又是碼頭，來往的人還不算少，」坐在車上的蘇雪林心想，「否則這地方真會讓人害怕。」已經是武漢大學教授的蘇雪林今天專程來到這兒，找這個「茂昌旅社」，是因爲早晨她收到了之前的同事，朱湘由漢口這個旅社發來的信。現在這封信就捏在自己手裏，剛才在車上自己已經看了好幾遍了：

蘇雪林君：

在武大如意否？我今有一事相求：我本欲赴長沙，不幸途中被竊，今困於旅社之中，日用及回鄉路費皆無著落，萬望通融三十元錢，切切。……找我請詳見信封地址。子沅

字略顯潦草，但確是朱湘手跡。但這個朱湘不是在安大做系主任嗎？怎麼會困頓到如此地步，又何以會寫信給自己呢？在安大時儘管相識，但相處時間並不長，自己三〇年到安大，是在朱湘之後；第二年就應邀轉到武漢大學。由於朱湘的高傲，雙方彼此並無往來，只是幾次在教師會議上見過面，老實說並不熟。況且武大裏也有他清華舊同學呀，爲什麼偏偏寫信找一個素無往來的女同事呢？不過，蘇雪林看過朱湘的詩，也在安大的學生讀詩會上親耳聽到過朱湘朗誦他的《搖籃曲》，對他的詩才還是佩服的。詩人的思想和行動本不可以尋常尺度來衡量，他既然不以世俗人待我，我又何必以世俗人自居呢？無論如何，這不像一個玩笑。

車終於停了下來，蘇雪林剛下車，就看到了用毛筆隨意寫成，已經有點剝蝕的「茂昌旅社」的招牌。院子很小，也不整潔，可以看見裏面竹竿上晾著小孩的衣物，整個地方散發出一種潮濕發黴的空氣。蘇雪林結算完車錢，便瞥見門前粉牌上標著「朱子沅」三個字。正在

這時，茶房已經迎了上來。蘇雪林遲疑了一下，說：「我是武漢大學的……」。茶房一聽，便問：「你是找朱子沅先生吧？他今天早晨已經問了幾次武大有沒有人來訪了。請跟我來。」

蘇雪林跟著茶房，沿著狹狹仄仄的樓梯上二樓。茶房一邊在前面引路，一邊說：「這個朱先生真是個怪人，在這兒待了好幾天了，來的時候只帶著一個薄薄的毛毯和一個小手提箱，和誰也不說話。來到這兒之後，每天除了起來吃兩碗麵，就是整天睡覺。」蘇雪林聽著，心想：「看來朱湘真是落了難了，他盼望救兵如此之切，幸虧沒有怕嫌疑不來，否則豈不害他擱淺在這裏？」

在一間黑暗狹小的邊房裏，蘇雪林看到了朱湘。朱湘比在安大時憔悴得多，身上一件赭黃格子嗶嘰的洋服，滿是皺紋，似乎很長時間沒有熨過了，皮鞋也積滿了灰塵。更主要的是，當年的那種傲氣似乎已經被某種深深的頹廢與絕望佔據了。

朱湘告訴蘇雪林，蘇雪林離開安大後不久，他也辭職了，後來一直謀職無著，到現在還在到處飄泊。說完之後朱湘似乎陷入了沉思。爲了打破沈默，蘇雪林便問他最近還作不作詩，朱湘抬起頭，從小桌上拿起一疊詩稿，大約有十來首。蘇雪林翻開看看，詩風似乎和以前的大不相同。蘇雪林這學期因爲要給武大的學生開「新文學」這門課，對朱湘之前的詩歌也著意關注過。在蘇雪林的印象裏，朱湘之前的詩和他的性格迥然不同，生活中的朱湘充滿著動盪不安的詩人氣質，但他的詩歌卻格律謹嚴，而且平靜細膩得令人吃驚。但是現在，他的詩明顯變了。給蘇雪林的印象，一是各種詩體都有意進行了嘗試，如無韻體、巴俚曲、團兜兒（法國詩體 Rondeau）、十四行等；另外一個明顯的變化就是詩風變得格外陰冷。比如這樣的詩：

或者要污泥才開得出花；
或者要糞土才種得成菜；
或者孔雀，車輪蝶與斑馬
離不了瘴癘滃然的熱帶；
或者泰山必得包藏兇惡；
或者並非純潔的，那瀑布；
或者那變化萬千的日落
便沒有，如其並沒有塵土；
或者沒有獸欲便沒有人；
或者，由原始人所住的洞，

如其沒有痛苦，饑餓，寒冷，
便沒有文化針刺入天空……
或者，世上如其沒有折磨，
詩人便唱不出他的新歌

《英體十四行之二》

完結了，這醜陋的生活！
這個不能責備環境……
除了人，環境還有什麼？
唯有懦夫才責備旁人！

《完結了這醜陋的生活》

不見十多年了，我們又重會，
這切膚的親熱還一似當先；
不同的是，如今我知道留戀，
在冷落中留戀著你的相偎，
這其間，有許多熱已經高飛；

有許多希望已經遮起笑臉……
剩下我一人，在這空的冬天，
想著拋去的半生，憂傷，懊悔。
春天我不要瞧見它：那暖風
會來搔我的臉皮，低聲嘲弄，
說，青春，幸福，如今去了那裏！
還是你多情，又溫暖，又淒涼，
不忘記我，悄然的來到身旁，
將沉滯挑動了，點燃起記憶。

《凍瘡》

有的詩似乎是最近寫的，還只是一個殘篇，沒有寫完：

朱湘，你是不是拿性命當
這麼絕食了兩天，只吞水，氣，
弄得頭痛，心怔忡，口裏發酸。

爲了打發時間，蘇雪林著意看了一會兒，對他目前的境遇有了更深的認識，不免暗暗爲朱湘擔心。她勸朱湘：「要想開些，社會不會埋沒人才，等度過了這短暫的困頓，幸福會來的。」在說這些時，蘇雪林內心也感到了自己言詞的蒼白。她覺得自己還不完全瞭解眼前這位詩人的性格。或者，正如他所說，「世上如其沒有折磨，詩人便唱不出他的新歌。」焉知詩人的潛意識裏是不是潛伏著一種打破安定生活的趨勢呢？目前的社會固然情況很艱難，但西人也說過，性格能決定命運。如果朱湘不願意與這個社會妥協，不向現實低頭，等待他的又會是什麼呢？

臨告別時，蘇雪林從包裹拿出準備好的錢，送給朱湘。朱湘接過錢，有些遲疑，但最終還是說：「我現在真是窮途末路，還有一些零碎東西現在還抵押在漢口的當鋪裏呢，你能不能再借一些錢，讓我救救急。」蘇雪林看看錢已經不夠，想想，便道：「我身上帶的錢已經不多，這樣吧，你也難得來一次，明天到武大，我再給你錢，你也可以順便看看我們武大所在的珞珈山景。」

第二天，朱湘果然如約來到武昌東門外的珞珈山。依舊是那副憔悴的容顏，那套破舊的衣服，沒有穿外套，也沒戴帽子。蘇雪林指著一處武大的校徽圖案說：「據說這個校徽還是你的清華校友聞一多設計的呢。」朱湘彷彿陷入了回憶，說：「想當年，一多也極力邀我到這裏來的，可現在，聞一多自己已經另謀他處，我們的王星拱校長倒到這裏來了。這年頭你方唱罷我登場，命運真是未可知呀。」接下來蘇雪林引他參觀文學院，又引他參觀圖書館，朱湘一直沒有出聲。走到閱覽室時，蘇雪林隨手指著一個玻璃櫃，笑著向朱湘介紹：「這是武大放置新文學參考書的專櫃，你的大作也在裏面呢，可惜只有《夏天》和《草莽集》兩種。你還有新出版的著作麼？告訴我，我好叫圖書館去購置。」

朱湘忽然若有所思地在櫃邊停住腳，他久久地望著玻璃櫃，慢慢地，臉上露出了悲涼的表情，本來黯淡的目光更加黯淡了。半晌，他說：「這兩本詩集是我出國前寫的，我自己也很不滿意。過去及新著的詩稿有幾種，現在都在長沙我妻子那邊，還沒有接洽到出版處呢。」說著，他微微一笑，彷彿有說不出的傷感和辛酸。蘇雪林看著眼前這位以前的同事，一時不知道怎麼開導他才好。

送走了朱湘，蘇雪林一直感慨不已。感慨之餘，她決定著手寫一篇《論朱湘的詩》的論文。提綱已經列好，對朱湘詩的特點大致分為三個部分：㈠善於融化舊詩詞；㈡音節的協調；㈢長詩創作的試驗。論文剛寫了一半，大約在第四天上午，門房突然來傳話，說有一個叫朱霓君的女子來拜訪。蘇雪林一時想不起來是誰，請進屋來，看著也有點面熟，詢問之下，才知道是朱湘夫人。當時在安徽大學時只是偶爾打過幾個照面，印象不是很深，很長時間不見，依稀感覺她臉上比起在安大也多了許多滄桑。

霓君告訴蘇雪林，她幾天前收到朱湘寄給她的信，說在漢口失竊，被旅館扣留，所以很快從長沙趕過來，但到了這裏找到旅館一問，才知道他已經走了。茶房告訴她，說朱湘臨走時說他要到珞珈山拜訪蘇雪林，所以她就一直找到這裏來了。蘇雪林便把她和朱湘相見的經過詳細告訴了霓君，並寬慰霓君，說朱湘這時大約已經返回長沙，回去一定就可以見面了。

兩人不免扯一些家常。說起他們夫婦近況，霓君不由打開了話匣子，她竹筒子倒豆一樣向蘇雪林談起了他們的情況：他們夫婦從前感情非常好，現在已經破裂，最近正在鬧著離婚。「他這個人，腦子當中除了他的詩歌學問之外，只認死理，於世務一竅不通。你說他其實在安大很受學生歡迎，只要他好好幹下去，他那外國文學系主任的位置，誰也動搖不了。但他吃虧就吃虧在性格太狂傲，脾氣太強，偏偏總要爲一些小事和學校當局鬧彆扭，鬧到最後就被辭退了。辭退之後，他也不找工作，到處飄流，神出鬼沒的，家裏贍養一點都不過問。去年在湖南鄉下生了一個孩子再沅，因爲沒有奶，孩子沒多長時間就死了。蘇先生，你看，我現在帶著兩個孩子，寄居在母家，自己做工維持生活，弄得十個指頭這樣粗糙，這種境況可想而知，但是他卻一概不管。蘇先生，你說，這也是有良心的男人做出的事嗎？」

蘇雪林聽著很是感慨。但清官難斷家務事，何況各人自然都有自己的道理，局外人能怎麼說呢，她只能開導霓君：「朱太太，大凡詩人的性情，總有些隨隨便便的，要不然也不成其爲詩人了。你還是多擔待些他吧。」

## 二、流亡詩人

再沅的死是去年冬天的事。那時，朱湘沒有找到工作，從上海、武漢等地輾轉回到安慶。日子已經更加艱難。和幾年前相比，詩歌的高潮也已經過去了，人們更願意看小說而不是詩歌，更何況他的詩歌並不好懂。現在他只偶爾在朋友的雜誌上投投稿，但詩的稿費是少的，而且往往幾個月才會有零零星星的一點稿費匯來，遠遠不能解生活的燃眉之急。後來再沅就生了病。最先是饑餓和寒冷，然後是發燒。沒有錢看病，貧困的生活又使營養不良的霓君斷了奶。買不起奶粉，只能用一些開水稀粥充饑，在家裏養病打發日子。但再沅的病一天天加重，終於，在春節前夕一個大雪紛飛的早晨，再沅在啼哭中永遠閉上了眼睛，再沒有醒來。杜甫的《奉先詠懷》言：「入門聞號啕，幼子饑已卒。」朱湘在古代的詩人中最喜歡的是杜甫，但哪想到自己竟步了這位詩人晚年的後塵呢。他欲哭無淚，而懷著喪子之痛的霓君則幾乎要崩潰。在料理了兒子的後事後，好強的霓君擦乾眼淚，不顧一切，帶著小沅和小東踏上了回湖南的路途。臨走前，她找朱湘攤牌：現在朱湘有兩條路，一條，是扔掉那些百無一用的詩集書本，老老實實找大哥或者四哥幫忙，借點錢，找點事幹，實在不行做點小生意也行；另外一條，那就是離婚。

孤身一人的朱湘就這樣不得已背井離鄉，走上了尋找工作的漫漫長途。他自然還是想在大學謀一教職。但天下之大，竟沒有他的容身之處。許多大學都在鬧學潮，本校的教師都無課可上；兵荒馬亂，哪兒都有一大批衣食無著的知識份子在等待著別的學校拋來橄欖枝。朋友、同學、師生……每一種關係都是救命稻草，關係彷彿從來沒有這樣重要過，大學的職位也似乎從來沒有這樣稀缺過。本來身爲青島大學文學院院長、中文系主任的聞一多也許可以幫他一把，但這一年六月，青島大學也開始鬧學潮，有人趁機造謠說聞一多任人唯親，「新月派包辦青大」（指聞一多和梁實秋當時都在青大，聞一多又把自己的得意門生、同為新月詩人的陳夢家聘為助教），現在已經離開了那裏。而饒孟侃也剛剛在浙江大學應聘文理學院教授，立足未穩，不能有所幫助。

朱湘深切地感受到了自己的無助和孤立。他深知所有那些在大學裏謀求教職的關係網絡正是自己最欠缺的。自己的朋友沒有仇人多，優點沒有缺點多。大學之間的消息都是非常靈通的，沒有幾個大學不知道自己是個不會安分守己的「刺兒頭」。每個晚上，他都失眠。即便睡著了，也是被一個又一個的噩夢糾纏著。他夢到自己（一個彷彿只有五六歲的小孩兒）掉進了一個無底的黑洞裏，母親在洞外焦急地呼喊自己的名字；夢到了再沉在一個遙遠的地方，一聲不吭，眼睛巴巴地看著他，妻子在他的背後哭泣；還夢到許多好朋友滿眼憂慮地看著一封一封的退稿信和辭退信，妻子兒女在他們的背後哭泣，一個聲音不知從哪兒傳來：朱湘，都是因爲你得罪人的緣故，連累了這些朋友……。往往三四點鐘的時候，他就醒在床上，無法入睡，頭腦裏有一種劈開一樣的灼熱的疼痛感，他不知道這是不是腦充血加重的症狀。

在來到武漢之前，他一直在北平。上半年離開安大後，他就去了那兒。畢竟，北平是他的大學所在地，是他的第二故鄉。那兒有很多高校，又有很多老同學，也許有點機會。但到了北平他就發現自己錯了：就像二五年冬天他在北平時一樣，北平依舊有太多來尋找機會的文人知識份子，各個大學教職都人滿爲患。更重要的是，北平是胡適他們的大本營，徐志摩於去年十一月份因爲搭乘飛機失事剛剛去世，但他的影響還在。沒有哪個學校願意接納他這樣一個沒有任何靠山，倒存在不少問題的人。他的朋友聞一多在這一年的八月已經收到國立清華大學——他們的母校——的聘約，擔任中國文學系教授。而他一直待到下半年各大學已經開學，不再存在機會才快快離開。

秋天的時候，反正找不到事做，他便踏上了回鄉的路。途徑武漢時，他突然想到武漢大學碰碰運氣。這個時候他的盤纏已經用完，可謂山窮水盡，蘇雪林遇到他正是在這個時候。

困居漢口那個小旅店，每頓只以麵條充饑時，他經常想起那位行乞的詩人大衛（W.H.Davies）。在得到蘇雪林幫助離開武漢後的行色匆忙中，他還是習慣性地寫了一篇短文《徒步旅行者》，另外還以這位詩人爲題寫下了一首詩：

我還比你好些：雖說就世人
看來，由地位上我已經墮落
有許多階級了……我仍舊是我，
一個作詩的，不靠貧富分等！
我還比你好些：那冷雨的繩
在荒野上圍住你無由擺脫，
它還沒有落上我的身，雖說
我已經認識了，風與人的冷。
我還比你好些：暮色的絕望，
那一種無憑倚，無歡的感覺，

我還沒得：有心地好的朋友，
男的，女的，不單用心，還用手
來扶助——不是我，那原可忽略，
是詩，她落了火在我的身上。

引爲同感的還有一位西方的詩人危用（Villion），這位被逐出巴黎的徒步旅行者、巴黎大學的碩士。他因爲與同黨竊售教堂中的物件，被判以絞刑，在那裏作成了傳誦至今的《吊死曲》。後來遇到皇帝登位，憐惜他的詩才，將他大赦。這位馳名全巴黎的詩人，最後被逼歇足在保兜的一個地窖裏。那個與他爲敵的主教要整治他，不給他水喝，只給他發了黴的麵包吃。晚上他睡去時，還要讓地窖裏的老鼠來分食這已經是微乎其微的麵包。曾幾何時，自己也已經淪落到這種田地了。

——只是，危用的困頓是因爲他得罪了主教，自己卻又是爲何呢？

## 三、再見蘇雪林

蘇雪林再一次見到朱湘是在一年之後。十月的一天，朱湘再次來到武昌找蘇雪林。這一次他穿的是灰色條子土布長袍，頭髮梳得很整齊，言語舉止也比一年之前鎮靜，但容貌之間依然顯得十分憔悴。這一年來，蘇雪林在趙景深主編的《青年界》和施蟄存主編的《現代》上都看到過他發表的新詩和詩評，而且這一年自四月份以來《青年界》就一直在連載他的長篇文學散論《文學閒談》，也曾聽人說起過朱湘定居在北平西郊達園，以爲朱湘已經走出了困境。但聽朱湘說起自己的情況，非但沒有好轉，反而有江河日下的趨勢。頭疼的病加重了，自從安大辭職之後他一直就沒有找到事做，這一年以來一直在安徽、北平、湖南之間奔波，現在生活已經很難維持了。朋友不但沒法幫他的忙，還往往受他的連累。沈默了好半晌，他抬頭問蘇雪林，不知道武漢大學有沒有功課可以讓他擔任。蘇雪林知道這難度很大，一者現在正是學期中間，所有的課程都已經排定，不大可能進人；二者學校聘請教師需要通過專門的教授聯席會議討論通過，一個普通教師的推薦是很難起作用的。但她看著朱湘迫切的眼光，又不忍打破他的幻想，便建議他去找他清華的老同學、也在武大的方先生、高先生，說不定他們會有辦法。朱湘臨告辭的時候，又欲言又止，臉上露出了窘迫之色，他囁嚅著說：「如果進武大的事情辦不成，我還準備到安徽大學，去索要欠薪，……只是，可恨路上又被小偷光顧……」

蘇雪林明白他的意思，便又拿了一筆錢給他，並問他有沒有吃飯，他說還沒有，於是又請他到學校裏的小吃店吃了一碗麵。蘇雪林看著這位曾經的才子、過去的老同事狼吞虎嚥地吃著麵條，心裏對他充滿了同情，她想起朱湘是吸煙的，乘著朱湘還在吃麵的當兒，又出去替他買了一包白金龍香煙，一盒火柴。朱湘盯著香煙，臉上露出了一絲紅潤，他很快地把煙接過來，揣在懷裏，吸的時候又鄭重地取出一支來，小心地點著，長長地吸了一口，露出很陶醉的模樣，又仍舊將香煙和火柴仔細地藏入懷裏，好像怕被人奪去一樣。很顯然，他已經有很長的一段時間沒有聞著煙的香味了。

這是蘇雪林最後一次見朱湘。三天之後，蘇雪林有事到市裏去了一趟，回來的時候聽門房說，剛才有位姓朱的客人來找她，等了兩個時辰，後來走了。走的時候他讓門房轉告蘇雪林：他準備動身去安大了，借的錢會儘快還的，如果一時不能還，還望她能見諒。

蘇雪林不知道，這時的朱湘其實已經設計了自己的最終歸途。現在所做的毫無希望的掙扎，不過是爲了給予自己更爲充分的理由。

# 第十章　詩人之死

## 一、掙　扎

咳，薄命的詩人！你對生有何可戀呢？它不曾給你名，它不曾給你愛，它不曾給你任何什麼！

在第二次和蘇雪林見面之前，朱湘剛剛又經歷了一次失望之旅。

一九三三年初，朱湘從湖南來到上海，當他出現在北新書店趙景深處時，迎出來的趙景深初看之下吃了一驚：朱湘穿著一件破棉襖，而且整個人憔悴不堪。他附著趙景深的耳朵說：「輪船上的茶房跟我來的，我還沒有買船票，行李還押在船上呢！唉，這一次所受的侮辱，可謂至矣盡矣，我簡直不好意思寫成文章。」趙景深連忙替他付了錢，又給錢讓他買了一件稍新的棉袍。

這段時間，上海正沉浸在迎接英國大文豪蕭伯納的狂歡氣氛中，所有的報紙上充斥的都是報導蕭伯納的乘船、登陸、採訪、新聞發佈會，以及圍繞著蕭伯納訪問而展開的學者名流的談話錄、團體的邀請、二百多新聞記者等著一睹風采之類的消息。但對於朱湘而言，所有能夠給他提供一席之地的大門依舊緊閉，有誰會在這個時候在意一個落魄的詩人呢？三二年時上海剛剛經歷了有名的淞滬之戰。儘管不到三個月，但使上海的經濟、文化、民生都遭受到極大的破壞，經濟蕭條，幾乎所有的文藝刊物、大學都受到影響。趙景深四處托人打聽，但所有得到的消息都是失望。他所能做的，就是盡自己所能，讓朱湘在自己的《青年界》上發表一些文章，另外介紹朱湘投稿給《自由談》、《讀書雜誌》、《新中華》等與自己有私交、對朱湘並不「感冒」的刊物。但是，這些刊物大都必須等到稿件刊出後再付稿費，遠水救不了近火，何況朱湘不大願意找編輯聯繫，又不願意拿著稿費單去取稿費。趙景深明白，這時的朱湘，從心理到行爲都已經陷入了一個黑暗的怪圈之中。

離開上海後，朱湘順道去杭州看望了一下他的二嫂，從那裏他又去了北平。這已經是他失業後的第三年，時值暑假，正是大學安排教職的時機，是新的一年的希望。但希望對於朱湘來說，彷彿飄蕩在空氣中的肥皂泡，近在咫尺而又遙不可及，每當他想伸手去捉摸時，它便輕盈地隨風退得更遠。在北平，他先是寄居在西郊達園的曾爲清華同學的顧一樵處——想當年，他和顧一樵（顧毓琇）第一次通信是在他被逐出清華不久。此後不久，他們還曾經和聞一多、梁實秋，以及他的二嫂薛琪英等在一起籌備刊物《文學季刊》，他曾經在這份有志於介紹英國長短體詩的刊物上發表過兩篇自己翻譯的英文長詩——那時候的自己是多麼的活躍而自信。

心灰意冷的時候，朱湘聽到消息，以前的好友柳無忌已經回國，現在正在天津南開大學教書，心中又燃起了一線希望，於是給柳無忌寫了一封信。但不巧的是柳無忌正好有事去了上海，沒有收到信。不知道情況的朱湘一直翹首等著回音，但最終徹底失望了。

這之後不久，朱湘又搬到北平東四南大街的華北公寓。他向分散在各地的相對熟識的朋友都寫過信，請他們代爲謀職，但收效甚微，幾乎都沒有回音。隨著九月的來臨，朱湘明白又一次註定了兩手空空。北平在下了幾陣涼雨之後開始有了秋意，許多白天，朱湘在北平的街頭毫無目的地漫遊。尋找工作的失敗似乎是命運對他嘲諷的微笑。朱湘經常無來由地聽到了耳邊的笑聲。百無一用是書生，朱湘啊朱湘，你通曉那麼多種文字有什麼用？你空負這樣的詩名有什麼用？曾幾何時，自己意氣風發地對彭基相說：「朋友，性，文章，這是我一生中的三件大事」。但現在，願意幫助又能夠幫助自己的朋友在哪裏？自己曾經癡癡尋找的愛情在哪裏？創作呢？創作不再是自己生命的寄託，這是最讓自己絕望的：自己已經不再對文章感興趣了。可是，離開了文章，朱湘，你還算什麼？

在經歷了那麼多次失望之後，朱湘的心情由焦躁紛亂開始回復平靜。他知道自己該怎麼做了。他又一次想起了老朋友無忌。又是一個下雨的夜裏，他又寫了一封信到天津：

無忌兄：

現在已經時候不早了——雖說枉費了幾個月的光陰，卻總也算是作了詩，並且也把這三十年的舊債一齊都加倍的還清了。在這個各大學已經都開學，上課了許久的時候，才來托你，不用說，我還有不知道是太遲了之理麼？不過，以前我是每天二十四點鐘之內都在想作詩，生活裏的各種複雜的變化，我簡直是一點沒有去理會；如今，總算是已經結清了總帳……不過，時候卻不早了。我能不能教書，我們也同學過兩年，你無有不知道的。現在才來托你，自然是嫌遲；我不過是對於自己盡一分的人事罷了。能否有位置，有鐘點，學校方面肯否找我去教，這些，不用你說，你也知道毫無把握；不過，既然生了，又並不是一個不能作事的人，也就總得要試一試。若是一條路也沒有，那時候，也便可以問心無愧了。無故的，忽然向你說出這一些感傷的話，未免大煞風景；你也是一個文人，想來或者不會嫌我饒舌。就此停下……倘若，不論有指望沒有，你能給我一個回信，那是我所極為盼望的。我住在北平，東四南大街，一四四，華北公寓。

弟朱湘（一九三三年九月，北平。）

寫完之後，看著時間還早，他又想起了一件事，寫了一封信給已經有一段時間沒有聯繫、遠在國外的羅暟嵐：

我有一件事久想提起，只是怕你聽了不舒服，所以一直緘默著，便是短篇小說的事。這是由×××介紹給××書局的，後來音信全無，我看此事凶多吉少。總而言之，我是Gounod歌劇中的浮士德，無論是甚麼美麗，沾了我的手，無有不凋萎，甚至變成醜惡的。

一九三三年十月六日，星期五，天氣晴朗。上午九點多，柳無忌正在家中備課，門鈴忽然響了。他打開門，意外地看見是朱湘。兩個人已經五年沒有見面了，朱湘顯得比在美國時更加憔悴蒼白，也更加顯得老態和神秘。柳無忌已經接到了老友的來信，也已經回信告訴了朱湘他雖爲南開英文系的主任，但初來乍到，人事不熟，而且新學期已經開始，謀職並不容易的情形，對朱湘的窘境已經有所瞭解，但見面之後對朱湘的變化還是感到了有些吃驚。見面還是愉快的，兩個人隨便談著過去五年的瑣事，談朋友的變化，談各人的種種情況。柳無忌覺得眼前這位老友大致還是比較鎮定平和，只是在微笑的當兒總好像有點若有所思。另外抽紙煙也特別凶，柳無忌記得朱湘之前從來不抽煙的，朱湘感慨說，自己現在幾乎一刻也不能離開它了。朱湘還告訴無忌，自己由北平南下經過這裏，準備晚上就乘車去上海，料理家中私事，再設法找事或賣文稿過活。

柳無忌勸朱湘在天津多住幾日，朱湘去意已決，婉言謝絕了。但他答應柳無忌當晚給南開大學英文學會作一次演講。

晚上的演講在南開大學講堂裏舉行，許多學生聽說過或看過朱湘寫的詩，都慕名前來。朱湘的這次演講格外地層次清晰，從他的身上絲毫看不到幾年來的困頓和焦慮。他說：

要想創造一個表裏都是中國的新文化，暫時借助西方文化，這不足為恥，西方不也舶去了我們的指南針、火藥和造紙術嗎？但中國最大的恐慌是怕產生出一個換湯不換藥的西方式文化，甚至是也不換湯也不換藥的純西方文化，倘若我們不努力，倘若沒有新人的貢獻，倘若我們一味地遵從『名』旗幟而不樹立『真』的旗幟，那麼，中國的文化就無法稱其為輝煌！在座的各位文學愛好者們，鼓起勇氣吧！臨戰而逃是懦者，而怯懦絕不是青年人的本色！無論我走到哪兒，我都會挺直脊樑，向一切不公平吶喊：你們來吧，我在這兒！

夜裏八點鐘，朱湘離開了天津。朋友柳無忌、李仲贊給他買好了車票，一直送他上了火車，才依依惜別。這是朱湘出現在武漢蘇雪林之前的經歷。

## 二、吟誦

風雨飄搖的中國，災難深重的中國，就像是一個難明的黑夜，除了那些無所思索的蠢漢，以及那些惟求安逸出賣自己的蠹蟲，每一個人都在困厄之中摸索、在掙扎。在這樣的時代，沒有人知道、也很少有人在意，一個輾轉於南北中國的才華橫溢、心高氣傲卻又窮困潦倒、病魔纏身的詩人在每一個黑暗的夜晚到底寄宿在何處。這些永遠是個謎。我們只能聽到詩人的吟誦之聲——多少回憶、多少失望、多少思索、多少感悟，都凝聚在這吟誦之聲中：

……

我的詩神！我棄了世界，世界
也棄了我；在這緊急的關頭，
你卻沒有冷，反而更親熱些，

純粹的詩人——朱湘

給我詩，鼓我的氣，替我消憂。
我的詩神！這樣你也是應該——
看一看我的犧牲罷，那麼多！
醒，睡與動，靜，就只有你在懷；
為了你，我犧牲一切，犧牲我！
全是自取的；我決不發怨聲，
我也不誇，我愛你，我的詩神！

《意體十四行之七》

我有一顆心，她受不慣幽閉，
屢次逃了出來，向過路的人
歌唱，好象是孩童，在歡樂撞門
那時候，遇了人便傾吐喜氣。
大了，她明白了，當時的失意
與惱怒都是稚態，別個那能
不能這異樣之物，來得無因，

抱起來耍，或是閃了身躲避？
從此，她守著幽室，一顰一笑
只讓自家看見，也只讓自家
聽見夢中的囈語……要知道，她
原是生物，有時免不了要叫
喊出獄中的痛苦；她卻不容
這心聲送到陌生人的耳中。

《意體十四行之九》

如其有一天我不再作小鳥，
迴旋在溷濁的最下層空氣，
只聽到人類惹是非，話柴米，
只看見人頭上茂生有煩惱！
如其有一天我能化作鷹，高
飛入清冷的天；在雲內滌翼；
追殞星；對太陽把眼睛瞪起，

要那無上的光明向裏面跳……
下邊，我看見有洋海在呼吸；
大江、小河一齊蜿蜒去心臟；
山峰挺著她的奶，孳育群生——
也偶了，寫詩，作文的筆一管：
它是我的生活，也是我的歡娛。
不受歡迎的是疾病，炎熱，騷擾。……
旁的我並不企求，也沒有需要，
除了中等的煙捲，夠抽一整天
時的在夜裏；七月，冰糕一杯。

《意體十四行之三五》

在這頑強如寒號鳥的行吟中，朱湘不屈不撓地進行著他的十四行體的嘗試，並使自己成爲了現代詩歌史上創作十四行體詩最多的詩人。在他後期創作的六十一首十四行詩中，題材得到空前的擴大，並不僅僅傾吐對生活的悲憤，也包括寫景、懷人、敍事等等。和他前期的詩歌創作一樣，由於堅信詩歌的情感需要克制和提煉，儘管這段時期他的生活處於極度的動盪之中，但他的詩仍然呈現出對音韻的訓練有素和對情感的有意控制。儘管這些詩中不乏他以前批評徐志摩等人時指出的爲了湊韻而犧牲「行」和分裂片語的現象。這是一位天才的詩人對詩神的最後的獻祭！

## 三、赴　死

最後時刻，妻子霓君憑著女人天生的直覺感受到了一直流浪在外的丈夫的異常，這個倔強的女人把兩個孩子寄放在湖南，開始了尋找自己那個更爲倔強的丈夫的過程。上天偏偏捉弄著這兩個可憐的人，從青島到北平，到武漢，從武漢到上海……，朱湘離開了，霓君趕到了；霓君離開了，朱湘來了，在這樣的追尋中，霓君當掉了她和丈夫的最後的唯一的財產：一條結婚時的金項鏈。

從武漢回到上海，霓君終於和丈夫走到了一起，他們一起寄住在上海北四川路七二七號儉德公寓。霓君是個要強的人，她覺得女子倚賴男子是羞恥的，她要分朱湘一部分勞動，不讓朱湘一個人負起生活的重擔。爲了生活，她在上海南京路一家搞紡織的勝記縫紉公司學機器刺繡。每天早晨六點她坐電車到公司上班，晚上她再趕回來燒飯。朱湘依舊待在家裏看書，一天吸五十支白金龍香煙。霓君有時候勸他節省一點，朱湘說他不吸煙就做不出文章。但不做文章還好，一做文章，就開始頭暈、迷糊，腦充血的毛病時時糾纏著他。

這一次久別重逢，朱湘待霓君特別好，兩人彷彿回到了蜜月時。安徽大學也終於寄來了兩百元左右的欠薪，生活彷彿又看到了新的曙光。——但僅僅是「彷彿」而已。對於朱湘來說，哀莫大於心死，希望的有無比生活本身更爲重要，而自己已經失卻了對生活的熱愛與希望。再沉的死、自己的找工作無著、詩稿投遞無門、人情冷漠、頭疼的病症……，一切編織成密不可破的牢籠，阻隔了他通往繆斯詩殿的路。在以前奔波的旅途中，他平生第一次失去了對自己的信心。那些所遭受的恥辱、挫折、困頓無不提醒著他，原來自己也只是一個必須爲生活奔波、無法掌握自己命運的凡人，他彷彿已經預見到自己在將來無可避免地陷入了平庸。還有什麼比這更能打擊心高氣傲的他嗎？這比死亡更令他不能接受！朱湘無可救藥地陷入了絕望之中。

沉浸在這樣的情緒之中，他幾乎是一氣呵成，寫了一首詩《白》：

白的衣衫，白的圓臂膀，
你們多可愛！
我要打開窗子去摟抱，

又怕寒冷相災。

白的剪秋羅，白的玫瑰，
你們多清潔！
取一枝我想伸出手來，
可惜沾了煤屑。

因為陪伴我的只有寒冷，
那柔和的溫暖更教我狂；
坑陷在沒有出息的溷惡，
我更歆羨那潔淨、芬芳。

但是，撥動起寒灰最苦惱；
那已死的情緒，讓它安息！
我也是一個人，需要安寧，

甚於熱烈，而痛苦的希冀。

讓我們說別了，白色的花，

白色的雙手——

像笛聲響起了，船舶他去，

車也不回頭。

寫完之後，他把這首詩寄給了趙景深的《青年界》。那天晚上，霓君和朱湘像往常一樣，默默吃完晚飯，霓君收拾餐具，朱湘則抽著煙看書。霓君收拾完了準備睡覺，突然注意到朱湘在流淚，便詫異地問他怎麼了。朱湘說他想到了自己的身世，這讓同是天涯淪落人的霓君也不禁悲從中來，也陪著流淚不止，兩人擁抱著哭了一場。

上海的天氣隨著冬天的來臨變得陰冷，霓君的工作也越來越忙，她陀螺一樣旋轉於公司和簡陋的家中間，沒有注意到朱湘的異常。吃晚飯的時候，朱湘偶爾會對她說：「唉，恐怕我要去在你前面了！」有一次，朱湘半夜醒來，忽然對霓君說：「小沅我不該生下他來的，讓他在人世間受苦！你要替我撫養我們的沅和小東呀！」霓君從似睡非睡中醒來，說：「我們的生活都還成問題，怎能把小孩子從我母家帶到上海來呢！我也很想念他們呀，肯定會照顧他們的，現在也只好讓他們住在湖南了！你快睡吧。」有的時候，霓君晚上回到家時，看到朱湘在院子裏生著火，把自己寫的一些詩稿慢慢送到火堆裏去，搖著頭低聲說：「我不會說話，寫文章，一開口就容易得罪人！」

霓君把朱湘的這一切異常歸結爲他本來就異於常人的詩人氣質，以及這麼長時間以來的腦充血導致的症狀，沒有太往心裏去。

十二月一日，朱湘到剛從杭州回來不久、也寄寓在上海的二嫂薛琪英那裏去了一趟，拉了一會兒家常，談了談在杭州上學的侄女如意珠的情況，臨行前他和二嫂鄭重地告別，並向二嫂借點旅費，說要去南京。經濟也很拮据的薛琪英盡其所能，借給了他二十元錢。第二天，他在上海的街頭漫無目的地逛了一整天。經過南京路時，他在一家商店特意買了霓君最喜歡吃的飴糖，又給小沅和小東買了一點小東西。晚上，霓君回來了，他把糖剝給霓君吃，問她：

「甜嗎？」

「不甜。」霓君隨口說。她沒有注意到朱湘的異樣。勞累了一整天，想到這個不知如何支撐下去的家，她的心情沒法太好。她只是有點恨鐵不成鋼，她知道丈夫肯定又是在外面無所事事度過了一天，花錢買糖也讓她有點心疼。

朱湘無聲地笑了。「睡吧。」他說。他想起了八年前，也是在這個城市，他為妻子剝糖紙的情形，那時霓君快活地笑著。這是他平生最愛過的一個人，也是平生最愛他的一個人。一個同樣苦命的女人，自己最為割捨不下的女人，為自己做出了最大犧牲的女人。吵嘴、打架、爭執，她始終是自己的老婆，自己的最愛。文章誤我，霓君無錯，一切都沒有錯。但是，自己已經太累了，無法堅持了，不能再為她做什麼了。讓她對自己怨恨，這樣她反而會好過些，這是自己所有能做的了。臨睡著的時候，他忽然想起了什麼似的，又推醒了霓君：「我不久就會回來的，你要照顧好自己，照顧好孩子，我三天之內就有信來。」

四日，他乘上了吉和輪奔赴南京。剛從清華退學的那陣子，沒少走過這條水路，那時的心思全在謀生上。但這最後一次旅行卻是那樣地與眾不同，也是自己那個時候想像不到的。

冬天的長江彷彿陷入了漫長的酣夢，在夏天兩岸滿是充滿狂野生機的雜樹或灌木叢，但現在已經繁華落盡，說不出的荒涼。甲板上也沒有人跡，如果是春天或夏天，哪怕是入夜時分，它的上面也會擠滿歡樂而好奇的人群。多少年前，自己和霓君也曾經充滿愉悅地站在船上，看著江上的漁火，談著對未來的憧憬。而現在，心力交瘁而又頑強掙扎著的霓君肯定已經熟睡，也許正在夢中和自己爭吵。龐大的船體在寂靜的江水中劈開一條水道，渾濁的浪花簇擁著客輪，發出無言的嗚咽。整整一夜，沒有人注意到一個神情恍惚的旅客留在甲板上，手中握著一本《海涅詩選》，不停地喝酒、低聲呢喃著那些他再熟悉不過的詩句。在紛亂的思緒中，逝去的以及健在的親人、朋友，不斷地消失又紛至遝來。

當東邊的天幕上剛透出一線黎明的曙光，兩岸的景色逐漸清晰起來。在船身輕微的顛簸中，恍惚中的朱湘突然精神一振，他知道快要到燕子磯了。他站起身來，整整衣冠，隨手扔掉了酒壺和那本《海涅詩選》，縱身躍過船舷，大聲高叫：

「母親、父親，我來了；子惠、夢葦，我來了；太白，靈均，我來了；霓君，小沅，小東，保重！永別了！忘記我！」

在他的皮箱內，有一件霓君替他做的夾袍，還沒有上紐扣。夾袍裏有他寫給霓君的一封信。朱湘做事是認真的，他說：「三天之內有信來」，他的確是做到了。

按照中國民間的曆法，朱湘這一年剛剛三十歲。

## 四、死後

在朱湘最後的詩篇中，有一首意體十四行，似乎既是對自己一生的總結，也是對自己歸路的預識：

## 純粹的詩人──朱　湘

這條江，雖然半涸了，還叫汨羅：
這裏的人，或許還與當初一樣；
這白雲裏暮秋時令的白太陽
還照著，不知在何處，你的魂魄。
你留下了「偉大」的源泉，我慶賀；
我更慶賀你能有所為而死亡，
好比，向了大湖，蜿蜒著這波浪，
目標總不變，雖說途中有頓挫，
在你誕生的地方，呱呱我墮地。
我是一片紅葉，一條少舵的船，
隨了秋水，秋風的意向，我漫遊。
那詩靈（他便是我的宗主，皇帝）
是前路如何連自己都不了然──
雖說他已經給與了鰱鯉，浮漚。

《意體十四行之二一》

朱湘死後，因爲家貧四壁，他的朋友們，包括鄭振鐸、杜衡、聞一多、蘇雪林、施蟄存、黃翼、徐霞村、饒孟侃、黃自、余文偉、趙景深、羅念生、羅皚嵐、柳無忌等十五人，特地發起了「籌募詩人朱湘遺孤教育基金委員會」，在京、滬、平、津等地募捐基金。在朋友的努力下，朱湘去世的第二年，他的第三本詩集《石門集》，譯詩集《芭樂集》、散文與評論集《中書集》，書信集《朱湘書信集》、《海外寄霓君》，文藝評論《文學閒談》、第四本詩集《永言集》等相繼在上海出版。一九三四二月，趙景深主編的《青年界》出了朱湘紀念專號，同年十二月五日，在他逝世一周年之際，《天津益世報·文學週刊》出了《朱湘紀念號》。

儘管如此，在現代文壇上——無論是詩人抑或作家之中——很少有像朱湘這樣身後蕭條、令人歎惋的。一個表面上冷若冰霜，內心裏卻是一團火的詩人，一個也許孤僻、傲慢、暴烈、倔強，但其實不過太純潔、活得太認真、太孤軍奮戰的詩人，一個缺點和優點同樣明顯的詩人，爲什麼在死後還要承受如此的懲罰？是蒼天過於殘忍？還是時代過於黑暗？——

朱湘死時，詩集銷路不好，很難找到出版機構。其中《永言集》由趙景深送給時代圖書公司邵洵美出版，自然不收稿費和版權費；而《朱湘書信集》則是由朋友們湊錢，由柳無忌和羅皚嵐等人所辦的「人生與文學」社發行，用羅皚嵐發行小說《苦果》的錢來補貼這本集子，自然也不能有稿費給遺孤。當時國事蜩螗，文化界也被聯合抗戰的浪潮所席捲，很少有人注意到一個把自己的一生都獻給了詩神的詩人的遺詩。不久抗戰爆發，上海各大書店都遷往後方，更談不上重版他的著作了。

朱湘死後，一直撫養、關注他的二嫂薛琪英出資給他在上海永安公墓買了一塊墳地，朱湘的兒子小沅也由她送入黃興和徐宗漢創辦的位於南京白下路的貧兒院。小東則被霓君帶回湖南長沙和兄嫂一起居住。後來小沅到處流浪。一九四五年，當時任清華大學國學院教授的聞一多曾叫他到昆明報考西南聯大，但小沅到達時，不巧聞一多已經被特務暗殺。小沅後來曾做中學語文教師，「文革」中因爲父親的問題被下放到礦山勞動，後於一九七八年死於職業病——肺矽病。小東情況自然也很苦，後來因病截肢。劉霓君後移居昆明，以縫紉和在衣上繡花爲生。她很想在昆明公園附近建朱湘的衣冠塚和紀念碑，但願望最終沒有能實現。

朱湘的朋友柳無忌在一篇悼念他的文章中說：「詩人的榮華是永久的，並不因歲月的折磨而如流水一般地消失。中西都有前例：早夭的詩人如李賀、濟慈、朱湘，雖然他們的一生耿直寡交，死時也湮沒無聞，僅爲一些朋友所哀悼著；但是他們並不完全爲時代所遺棄。適當的時間與機會來了，會有下一代的作者、批評家給予他們公正的評價，有力的提倡；那時，他們將開始爲人們所注意與賞識，他們的作品也將獲得廣大的讀者群的愛好。」的確，朱湘終於迎來了他復活的時候。他的復活首先是在大陸之外。一九七一年，香港大地出版社重印了《朱湘隨筆》，一九七七年和七八年，臺北洪範書局陸續出版了朱湘的《海外寄霓君》和《文學閒談》，以及痖弦所編的《朱湘文選》等。八十年代開始，大陸文學界也陸續開始了朱湘有關資料的整理、書籍的重新出版和對朱湘詩歌詩論的研究工作。

在朱湘去世七十年後的今天，我面前擺著一本《海涅詩選》。我的手指從薄薄的紙頁間緩緩滑過，彷彿劃過漫長的歲月長河。從他平時的閱讀範圍，無從推測朱湘為什麼在決定了投水之前選擇了海涅的詩；誰也無從知道，七十年前的這位詩人臨終前的視線曾在哪些詩歌上停駐。海涅的抒情插曲我是喜歡的：清新婉麗，甜蜜而憂傷，這會是朱湘臨終的選擇嗎？彷彿有一種意識來自我內心的深處，只要我閉上眼睛，彷彿就又一次看見了沉浸在那個遙遠的清晨微光中的詩人，在他生命的盡頭，吟誦著這樣一首小詩——它來自海涅，更來自我內心深處的一種願望——

在我最近的歌裏，
要是還脫離不了
那往日的淒涼音調，
請你不要心焦！

純粹的詩人——朱　湘

稍待，我這悲歌哀音
就要成為人間絕響，
從我康復的心中
要湧出新春的歌唱。

# 後記

朱湘投水自殺是在一九三三年十二月五日，距今已整整七十年。而朱湘生於一九〇四年，按照中國傳統的曆法，今年正是他一百周年誕辰。應該說，今年正是紀念這位詩人的最佳時機，可惜的是，迄今爲止，還沒有看到或聽到有紀念朱湘的較爲大型的活動。而且到今天我們甚至連這位詩人的確切生日也無從考證。

朱湘是現代文壇上頗有才氣的著名詩人。公允地說，在《晨報詩鐫》的詩人群中，他的成就和影響僅略遜於徐志摩和聞一多。可惜的是死得太早，否則以他的才氣與努力，當有更大的成就。同時他也是一位苦命詩人：幼年失怙、生逢亂世、四面樹敵、死時潦倒、身後蕭條，讓人不免爲之一掬同情之淚，此爲一；既有才氣，又能勤勉，生爲詩歌，死爲詩歌，然而其詩歌卻長期不爲世人所重視，此爲二。近年來研究者對朱湘在新詩史上的地位已經有所關注，但這樣一位重要的詩人，迄今卻沒有一本介紹他的詳細傳記，這實在是一個缺憾。

老實說，我在以前在讀文學史時，對朱湘也沒有過於留意，只限於對他的《採蓮曲》等有限的詩的瞭解。在寫作《聞一多傳》時，也只是匆匆一瞥朱湘略顯模糊的背影。當時對朱湘的印象是：恃才傲物，脾氣怪異，但對他的詩才已經有所注意。對朱湘有具體的瞭解，只是在爲準備寫《朱湘傳》而搜集材料的過程中，我開始意識到我之前對朱湘的認識有多膚淺。在寫這本書的過程中，我有機會重溫新詩細微的美感，領略詩人緣詩而生的一切快樂與痛苦，並得以觀察那個獨特的時代及文壇的另一面。寫作過程中我回憶起了一句我本來已經忘記的名言：「每一個人都是一個完整的世界。」

由於早夭等其他原因，朱湘生前很少有文字提及自己的經歷。他的生平主要是靠幾個朋友的回憶和一些書信，有關材料尚缺乏系統的整理，這就使朱湘生活歷程的「空白」很多。在傳記寫作過程中，本人多方求證推理，力求做到靠近史實。如果其中有疏漏偏頗，還望讀者見諒。

最後還要衷心感謝我讀研究生時的導師、蘇州大學欒梅健教授，正是由於他一直的扶掖和支持，才有了這本書的出版。同時也向出版社的編輯朋友們一併表示我誠摯的感謝。

寫於二〇〇三年十二月